まずは正しい知識を身につけよう！
元大手商社の敏腕トレーダーが指南

商品先物取引
基礎知識&儲けの方法

近藤雅世
Kondo Masayo

Subarusya

推薦の言葉

多摩大学大学院教授
日本商品先物取引協会理事　河村幹夫

　商品先物取引はわかりづらい、難しそうだ、うっかりやると損をしそうだ——。

　一般投資家の間に、こんな受け取り方がひろがっているとしたら、業界のために残念だというだけでなく、投資家にとっても選択の幅がそれだけ狭くなるという意味で不本意なことでもある。

　商品先物取引については、すでに数多くの専門書、解説書が出版されているが、それでも投資家の正確な理解を得るに至っていないとすれば、その一半の理由はそれらが取引市場とか取引員、またそれらを規制する立場から書かれたものが多く、利用者の側からのものが比較的少なかったことに求められるであろう。

　その意味で、本書はユニークである。著者の近藤雅世氏は大手商社の非鉄金属分野のエキスパートとして長年にわたる経験を積み重ねてきた。商社マンとしての立場は、ときにはヘッジャーであり、ときには購買責任者であり、ときには資金運用者でもあった。本書の中にはそこから生まれた実技だけでなく、知識と知恵がふんだんに盛り込まれている。市場の利用者だけでなく、広く関係者に対する啓蒙の書としてお勧めしたい。

2004年3月

まえがき

　商品先物取引というと、多くの人は身を引いて構える。しかし、商品先物取引は、運用の方法さえ覚えれば、1つの有力なハイリスク・ハイリターンな投資手法であり、極めてエキサイティングな取引である。

　すでにインターネットによる取引の手数料は自由化されており、また、2005年1月からすべての商品先物取引の手数料が、自由化される。このビッグバンにより日本の商品取引業界は大きく変貌しようとしている。大手総合商社の参入に次いで、ソフトバンクや日興ビーンズが参入し、外資系企業も展開を予定している。こうした競争の激化により、顧客に対するサービスは、今後目を見張るようによくなるであろう。商品先物取引は株式取引より多くの利点がある。また、その収益は信じられないほど大きい。

　私は、大手総合商社マンとして、貴金属ディーリングを見てきた。ディーリングで毎年数億円の利益を上げられることを知っている。私の27年間の商社マン生活においては、商品相場の中に身を置き、アルミ地金や金・銀・銅等の非鉄金属の相場に携わった。また、プラチナやパラジウムでは世界で最も大きなシェアを持つトレーダーであった。だから私は、ファンダメンタル情報を駆使すれば、相場に勝つことは可能であると確信している。

　また私は、商品ファンド事業を日本の先駆者の一人として立ち上げ、多くのファンドマネージャーのテクニカル分析等を研究した。こうしたファンドマネージャーは、チャート分析手法1つを手にして、現代の錬金術師たろうとしている。現在私は、商品先物相場の予測を、毎日執筆することを職業としている。また、商品先物取引で実際に利益を上げたこともある。

こうした経験から、私は一般の個人投資家がどうして商品先物取引で損失を出すのか、いかにしたら利益を上げることができるかについて「一家言」を持つに至った。

　商品先物取引は、この数年で大ブレークすることは間違いない。中国では、2003年の総売買高は2億8千万枚であり、前年の2倍になった。日本の1億5,400万枚を上回っており、証券取引以上の活況を呈しているという。欧米では年金資金もヘッジファンドのファンドマネージャー等を通じて先物取引に投資している。日本の年金資金等もヘッジファンドを活用し始め、間接的に先物取引に関与し始めている。

　日本ではこうした投資を、「投機」と呼んで敬遠する風潮があった。しかし、スペキュレーション（投機）とは、「未来を予測する思索・推測」という意味であり、トヨタ自動車やソニーが、次にどんな車や商品を作れば売れるかを見越して、その新製品に社運を賭けることと、何ら異なる行為ではない。商品の価格が1ヶ月後、1年後にどうなるかを見通して市場で売買を行うことは、本書の後半で述べるように、公正な価格の形成のためという社会にとって必要不可欠な行為である。

　2003年の正月、私はある投資セミナーに出席した。中国株の投資やタックスヘブンの利用の仕方、及び先物投資のテクニカル分析の講座であった。私はおそらく証券会社や商品先物取引会社の勧誘にあった、くたびれた背広に身を包んだ中年サラリーマンが大半の聴衆であろうと、偏見を持って会場に入った。

　ところが、驚いたことに、40代・50代の人は数えるほどで、大半が20代・30代の若者であった。彼らは自分の資産を増やすことに関しては、すでに貯蓄や株式取引の域を卒業しているのであろう。さらに高度な運用手法を求めて、休日を使って勉強に来ているのだ。まるで20年前の米国にいるような気分だった。

　米国で宇宙開発が一時下火になったとき、ロケット工学者を目指した若者たちの就職先がなく、彼らは大挙して金融界に乗り込み、さまざ

な新しい金融手法を編み出した。日本でも近い将来さらに進んだ運用手法が開発されるかもしれない。若者たちは何の違和感もなく、インターネットを通じて先物取引に参加するであろう。

インターネットが発達した今日、ネット上でさまざまな情報を得ることが、極めて容易になった。また、インターネットを利用した取引は、手数料コストを意識しなくてもすむほど安いものにしてくれた。

さて、本書は、商品先物取引とはいったいどのようなものなのかをわかりやすく説明し、どうしたら、商品先物取引で資産を形成することができるかについて、初歩的な解説を行う。相場に勝つ技術は、奥の深いものである。古今東西、相場を乗りこなそうと多くの人々が人生をかけて格闘し、現在でもファンドマネージャーが一攫千金の夢を見て、日夜相場に取り組んでいる。相場の勝ち方には十人十色の理論があり、絶対というものはない。

しかし、相場に立ち向かうために最低限の常識がある。現在の商品先物取引は、大手総合商社の一人勝ちで、一般個人投資家が常に負ける構図となっている。なぜ商社が勝って、個人が負けるのかについては、それなりの理由がある。それは、ほとんどの一般投資家は、大切な自己資金を、少ない知識を元に直感に頼って、あるいは、営業マンのいうがままに投資しているからなのではないだろうか？

本書は、そうした一般投資家が、自己の判断で投資ができるように、そして、できるだけ損失を少なく利益が多くなるように、初歩投資技術について述べる。

商品先物取引は、商品を扱う企業が将来の価格変動で損失をこうむるリスクをあらかじめヘッジするための取引である。

日本では、上場商品を扱う企業の参加が極端に少ない。これも企業担当者や経営者の勉強不足のせいであり、企業担当者がヘッジを行うために十分な知識を持っていない、あるいは持つ機会が少ないためと思う。日本でヘッジを行っている大部分は総合商社であろう。大手商社だけが

先物取引をうまく利用して価格変動リスクを回避している。

それに対し、上場商品を買ったり売ったりする一般の企業は、無防備のまま価格変動リスクを甘んじて受け入れている。金融商品や資金運用で、高度な金融手法を導入している企業が多いが、購買部や営業の担当者は、仕入原材料の商品知識や仕入先、販売先のことばかり念頭に置き、その価格変動リスクをおざなりにしているのではないだろうか？　毎年の損益が商品価格の変動のせいで大きく左右することを、手放しで放置しているのではないだろうか？

この状況から脱却する方法が、先物のヘッジである。私は、商社の現場でリスクヘッジを行ってきた担当者・責任者であったため、こうした上場商品を扱う企業の担当者の参考になるように、当業者のヘッジの仕方を本書の後半部にていねいに書いた。

ヘッジと聞くと何か難しいことではないかと思っている方には、本書は格好の入門書となるだろう。将来の生産物の見積り価格を、今提出せねばならない人や、過剰在庫を抱えているが安く買い入れたものなので、売ってしまうのは惜しい人が、在庫資金を調達する方法、原料の仕入れ価格は変動しているが、生産品の販売価格はその都度変えられないので、原料コストの価格変動リスクを背負って商売している人などに、役に立つのが先物取引である。さらに、直先差（じきさきさ）を利用すれば、思わぬ利益が転がり込むこともある。

当業者の参入は、先物取引所の悲願でもある。その理由の1つは、健全な市場の形成のためには個人投資家ばかりではなく、企業のヘッジニーズに利用されることが大切だからである。

しかし、もっとありがたいのは、ヘッジを行う当業者は取引所における先物取引では、損益に関係ない人々であるからだ。純粋なヘッジであれば、現物取引の反対売買であり、先物取引で利益を出すということは、現物取引での損失があるという意味になる。当業者は現物取引で利益を出そうと、仕入れや販売、在庫戦略を立てるので、往々にして先物取引

では損失となることが多い。ゼロサムゲームとしての先物取引は、損失を出しても泰然としていられるプレーヤーは、何よりもありがたい。だから、当業者の参入は、当業者のリスクヘッジのためでもあり、かつ、先物取引の参加者の利益にも結びつき、取引拡大のための重要な施策となるのである。

　最後に、商品先物取引が大ブレークするためには、商品先物取引業者の営業担当者や、業務の担当者等が、自分たちのやっていることに正確な知識を持つべきであると思う。業界には、これらの知識を簡明に書いた本が少ない。商品先物取引を健全に発展させるためには、どうしても営業担当者や業務の担当者が、商品先物取引の社会的意義や、商品先物取引での勝ち方について、十分な知識・認識を持つことが必要だと思う。本書は、そうした人々のための教科書となれば幸いである。

　最近私の周りで、定年退職をして自宅で悠々自適の生活を送っている人などが、インターネットを使ってデイトレードを始めている。高齢で働く場のない人々が、小遣い銭を稼ぐには、もってこいの作業場である。損切りさえうまくしていれば、大きな損失を抱えることはほとんどありえない。商品先物取引はこれまでのイメージのような、恐ろしいものでは決してない。そして、相場を読むことは、楽しい頭の体操である。この本を読まれて、小銭でインターネットを通じて商品先物に投資していただきたい。そういう人々が必ず多くなることを信じて本書を世に送る。

2004年3月

近藤　雅世

目次

まえがき

1章 これが商品先物取引

1項 商品先物取引はどういう仕組みか … 18
- 1 取引の概略 …*18*
- 2 それほど価格は動くか …*20*
- 3 日計り取引 …*22*
- 4 追証（おいしょう）制度 …*23*
- 5 商品先物取引でひと財産作った人々 …*24*
- 6 ゼロサムゲーム …*26*

2項 株式投資との違い … 27
- 1 空売りができる …*27*
- 2 3,300銘柄ある株式と十数銘柄の商品先物 …*28*
- 3 少ない資金で始められる …*29*
- 4 価格の変動が株式より激しい …*30*
- 5 株券や債券を証拠金に充用できる …*30*
- 6 インサイダー取引がない …*30*
- 7 株式取引の場合、株価全体に影響を与える価格変動要因があるが、商品先物取引は、商品価格全体に与える要因は少ない …*32*

| 3項 | ヘッジファンドの考え方 | 33 |
| 4項 | 商品先物取引のリスク | 35 |

- 1 投資資金がなくなるリスク …35
- 2 預けた資金の保全リスク …36
- 3 価格変動リスク …40
- 4 情報収集リスク …41

2章　商品先物取引の勝ち方

| 1項 | 損切り（ストップロス） | 44 |
| 2項 | マネーマネージメント | 47 |

- 1 資金配分 …47
- 2 目標管理 …48
- 3 記録をつける …51

| 3項 | 取引手法 | 52 |

- 1 分散投資 …52
- 2 アービトラージ（裁定取引・鞘取り）…53
- 3 正しい方法だと、間違って覚えられている取引手法の禁止 …55

| 4項 | 商品先物についての情報源 | 61 |

- 1 ニュース …61
- 2 価格やチャート …61
- 3 データ …61
- 4 相場分析 …62

| 5項 | ファンダメンタル分析 | 64 |

- 1 インサイダー情報 …64
- 2 情報の鮮度とマグニチュード …66
- 3 美人投票 …69

- ■ 4 イベントが相場にもたらす影響 …70
- ■ 5 相場のシミュレーション …71
  - ①事故発生から第一の天井まで
  - ②第二・第三の天井形成過程
  - ③以上の取引の結果
  - ④このシミュレーションの教訓
- ■ 6 需給バランス …77
  - ①2003年のゴム相場
  - ②2003年の大豆相場
  - ③2003年のトウモロコシ相場
  - ④プラチナ価格

[コラム] パラジウム事件

6項　テクニカル分析　　88

- ■ 1 テクニカル分析の創始者 …89
- ■ 2 テクニカル分析の基本的な法則 …89
- ■ 3 チャートの自己強化的特性 …90
- ■ 4 トレンドライン（支持線と抵抗線）…91
- ■ 5 3つの分類 …94
- ■ 6 テクニカル分析の使用法 …95
- ■ 7 代表的なテクニカル分析 …96
- ■ 8 価格の性質 …98

7項　市場の内部要因分析　　100

- ■ 1 市場参加者 …100
- ■ 2 内部要因分析 …101
- ■ 3 出来高 …103
- ■ 4 市場の読み …103
- ■ 5 デイトレードの場合の市場の読み …105

3章　商品ごとの価格チェックポイント

1項　金 　　108
- A　商品の特長 …108
- B　主な価格変動要因 …109
- C　関連情報サイト …114

2項　銀 　　115
- A　商品の特長 …115
- B　主な価格変動要因 …115
- C　関連情報サイト …117

3項　白金 　　118
- A　商品の特長 …118
- B　主な価格変動要因 …120
- C　関連情報サイト …123

4項　原油 　　124
- A　商品の特長 …124
- B　主な価格変動要因 …125
- C　関連情報サイト …128

5項　ガソリンと灯油 　　129
- A　商品の特長 …129
- B　主な価格変動要因 …131
- C　関連情報サイト …132

6項　ゴム 　　133
- A　商品の特長 …133
- B　主な価格変動要因 …133
- C　関連情報サイト …135

7項　アルミ　136
- A　商品の特長 …*136*
- B　主な価格変動要因 …*137*
- C　関連情報サイト …*139*

8項　大豆　140
- A　商品の特長 …*140*
- B　主な価格変動要因 …*141*
- C　関連情報サイト …*144*

9項　トウモロコシ　148
- A　商品の特長 …*148*
- B　主な価格変動要因 …*149*

［コラム］穀物年度

10項　コーヒー　152
- A　商品の特長 …*152*
- B　主な価格変動要因 …*154*
- C　関連情報サイト …*156*

4章　商品先物取引はなぜ必要か

1項　商品先物取引のおもしろさ　158
2項　投機とギャンブルの違い　159
3項　市場　160
- 1　大阪堂島米会所の成り立ち …*160*
- 2　イチバという市場 …*161*
- 3　シカゴのCBTとロンドンのLME …*162*
- 4　日本の東京工業品取引所ゴム市場 …*162*
- 5　ロンドンフィキシング …*163*
- 6　夜間取引 …*164*

| 4項 | なぜ先物取引が生まれたのか | 165 |

■ 1　なぜ先物取引ができたのか …165
■ 2　シカゴの穀物取引所の成り立ち …166

| 5項 | 商品先物取引はなぜ必要か | 170 |

5章　公正な価格の形成

| 1項 | 商品先物市場が仮になかった場合はどうなるか | 172 |
| 2項 | 価格をコントロールしようとした人々 | 173 |

■ 1　生産者価格 …173
■ 2　再販価格 …174
■ 3　買い占め …175
■ 4　統制価格 …176
■ 5　共産主義 …179

［コラム］中国人とロシア人

| 3項 | 市場経済 | 182 |

■ 1　私設市場と公設市場 …182
■ 2　三つ巴の戦い …183

6章　よくわかるリスクヘッジ機能

| 1項 | 当業者にとっての先物市場の利用の仕方 | 186 |
| 2項 | 価格変動リスクのヘッジ | 188 |

■ 1　先物市場でヘッジしない場合 …190
■ 2　先物市場でヘッジする場合 …191
■ 3　ヘッジしても残るリスク …193

3項　ヘッジ機能の応用編　　195

- ■1　いつでも売れる市場、いつでも購入できる市場 …195
- ■2　将来の受渡しに対する見積りの場合 …195
- ■3　材料価格の高騰を、簡単に販売価格に転嫁できない商品の場合 …197
- ■4　現物を買うかわりに先物を買って、将来現物の受渡しを受ける戦略 …198
- ■5　現在保有している在庫を先物市場で売却し、同時に必要となる時期の先物を購入する戦略 …200
- ■6　将来生産する物の価格が下がるリスクを避けるために、今先物を売っておくという売りヘッジ …201

7章　先物市場がある国とない国の違い

1項　商品先物市場のない国のハンディキャップ　　206

- ■1　為替リスク …206
- ■2　市場の時差 …206
- ■3　持ち込み費用 …207
- ■4　消費者の買いヘッジの場合 …207
- ■5　生産者の売りヘッジの場合 …207

2項　中国の先物市場　　208

3項　日本の商品先物業界の現状と今後　　210

- ■1　業界の変貌 …210
- ■2　個人中心の商品先物取引からの脱皮 …211
- ■3　投資顧問業的営業 …212
- ■4　デリバティブ取引 …213

4項　オプション取引　　216

8章 メインプレーヤーとしての総合商社

- 1 メインプレーヤーとしての日本の商社 …*220*
- 2 相場にまつわる事故 …*220*
- 3 ヘッジャーとしての商社のディーリング …*222*
- 4 ディーリングとしての商社のディーリング …*222*
- 5 商社マンの相場感覚 …*224*

9章 商品ファンドを利用しよう

- 1 商品ファンドとは …*226*
- 2 商品ファンドの仕組み …*226*
- 3 商品ファンドの形態 …*227*
- 4 商品ファンドの特長 …*228*
- 5 商品ファンドのリスク …*228*
- 6 どの商品ファンドを選ぶか …*229*
- 7 日本の商品ファンドの設定状況 …*229*

付録

- ◆ 商品先物取引に関する参考ホームページ …*231*
- ◆ 商品先物取引に関する税金 …*234*

参考文献 …*235*
商品取引所別上場商品・取引時間・規則等 …*237*

1章

これが商品先物取引

1項 商品先物取引はどういう仕組みか

1 取引の概略

商品先物取引を具体的に説明すると以下となる。

たとえば金の先物価格がグラム当たり1,400円だったとしよう。

金地金を1キログラム現物(げんぶつ)で買うと、140万円の資金が必要である。しかし、先物取引では6万円あれば1キログラム買うことができる。ただし1,400円の金価格が1,340円に、グラム当たり60円下がると、6万円はなくなって取引はおしまいとなる(1キロ買ったわけだから、▲60円/g×1,000倍)。

逆に金価格が1,400円から1,460円に上昇すれば、6万円の利益となる。ここで反対売買(この場合は売り)をして取引を完結させれば、6万円の証拠金は12万円となり、2倍になって返ってくる。投資効率は100%である。この取引にかかわる金の公式売買手数料は1万400円であるので、手取りは(12万円−1万400円=)10万9,600円となる。

しかし、インターネット取引による最近の売買手数料はかなり安くなっている。会社によって異なるが、おおよそ、往復で290円〜2,000円ほどであり、インターネットで取引すれば、手取りは11万円強となる。

【インターネット取引会社を選ぶには】

本書は、もっぱらインターネット取引を推奨している。インターネットトレードを使って、投資家自身の判断で、売買ができるようにするのが本書の目的の1つである。

どのインターネット取引業者がよいかについては、毎月各社のサービスや手数料を格付けしている会社があるので、下記のＵＲＬをご参考にされるなどして、ご判断していただきたい。

商品先物オンライントレード徹底比較「一目瞭然」
http://factualsite.com/online/online.htm

【言葉の解説】

＜限月（げんげつ）＞　先物の売買契約の最終的に決済しなければならない期限（月）をいう。その月の納会日までに反対取引を行うか、または総代金を支払って現物の受渡しを行うかをして取引は完了する。大部分の場合、買っていれば売り手仕舞い（てじまい）するという「反対取引」によって取引は完結する。

＜最期先（さいきさき）＞　先物取引が行われる限月の中で最も将来の限月を「最期先」という。先限（さきぎり）ともいう。次ページの表は2003年9月時点の先物取引の価格表だが、9月の金価格においては2004年の8月が最期先の限月となる。通常先物価格は、最期先の限月の価格をいう。なぜなら、取引の出来高が最も多いからである。先物取引をする場合は、一番先の限月を売買するとよい。そのほうが、流動性が高い（いつでも売買できる）からだ。

＜期近・当限（きぢか・とうぎり）＞　近い将来の限月を「期近」という。最も手前になった場合は「当限」という。米国の先物市場では、期近の限月が最もアクティブ（取引が活発）な限月であるので、期近の限月の価格が指標となっている。

　日本では、限月が期近に近づくにつれ、出来高は少なくなり、流動性が低くなる。つまり、売りたいと思っても、思った値段では売れなくなる可能性が高くなる。期近になればなるほど、価格の変動が激しくなるため、取引所は定時増し証拠金といって、当月限には割増証拠

金を要求することになっている。投資家としては、なるべく期近の取引を避けるようにしたほうがよい。

◆2003年9月における金の価格表の例

限月	始値	高値	安値	現在値	前日比
03年10月	1404	1408	1404	1408	+16
03年12月	1403	1409	1401	1409	+18
04年 2月	1401	1409	1400	1407	+18
04年 4月	1403	1409	1401	1407	+15
04年 6月	1400	1409	1400	1409	+19
04年 8月	1401	1408	1400	1408	+19

2 それほど価格は動くか

　金の価格が60円/g以上動くことがどれだけあるか。次のチャートは2002年の10月から2003年の12月までの東京工業品取引所の金先物価格であるが、これを見てもわかるように、だいたい1ヶ月以内に100円以上の値幅で金価格は動いている。うまくいけば、金を売ったり買ったりして、1ヶ月以内に6万円を倍にするチャンスがある。

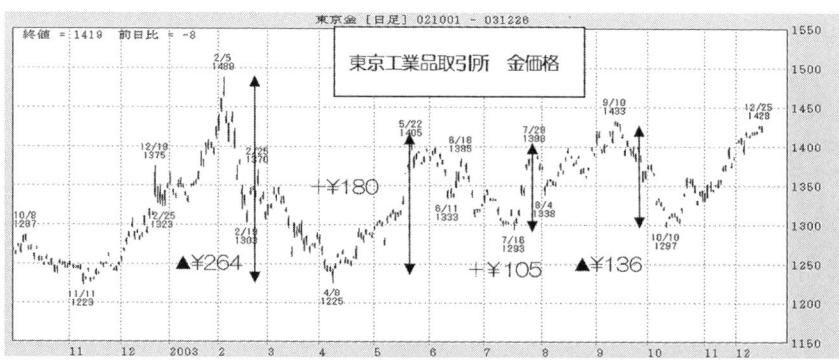

これが商品先物取引 ◆ 1章

慣れてくればもっと値動きの激しいガソリンや灯油を取引すればよい。ガソリンの証拠金は1枚当たり10万5千円である。下のチャートはガソリン価格の値動きだが、米軍によるイラク侵攻直前の2003年3月11日と、イラク侵攻後の3月25日では、ガソリン価格は実に7,070円の値下がりを演じた。もし10万5千円の証拠金を出してガソリン1枚を売っていたら、2週間で70万円の利益になり、元金は80万5千円となっている。

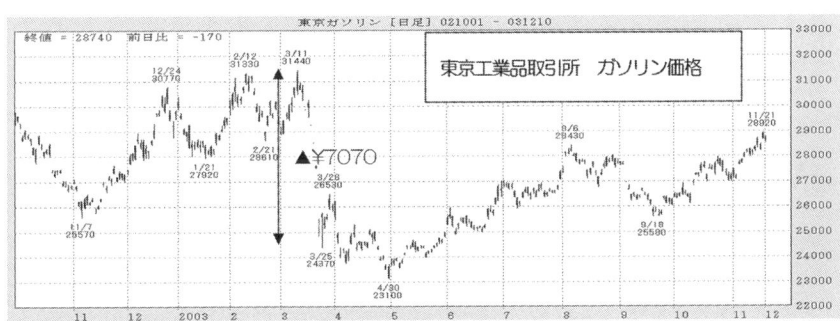

【言葉の解説】

<倍率> 金の場合は倍率が1,000倍である。どういうことかというと、価格1円の値動きが1枚当たり1,000円に相当する。ガソリンの場合の倍率は100倍であるので1円の値動きは100円に相当する。倍率は、商品取引所が各商品ごとに取り決めている。

<商品取引所> 日本の商品取引所は全国に7ヶ所ある。詳細は巻末の表を参照されたい。

<枚> 売買の単位を1枚というが、これは商品の倉荷証券1枚という意味である。実際に倉荷証券をもらうには、証拠金だけでなく代金総額を支払う必要がある（金1枚でいえば約140万円）。たとえば相場で損をした場合、そのまま反対取引をせずに1年先の納会日に商品代金総額を支払えば、倉荷証券、つまり現物（げんぶつ）を入手できる。倉荷

証券は取引所が指定した倉庫業者が責任もって当該商品を預かっていることを証する有価証券であり、倉庫業者に命じれば、好きなときその商品を引き取ることができる。商品先物は原油や鶏卵のような例外を除いて（これらの商品先物は反対取引で決済するだけで現物の受渡しの制度はない）、受渡し日に商品の受渡しを選択して代金総額を支払えば、必ず当該商品をもらえる仕組みとなっている。

＜立会い時間＞　商品先物取引が行われる時間は取引所によって決められている。日本の商品先物取引市場には、2つの取引方法がある。東京工業品取引所が扱う貴金属や石油の取引は「ザラバ取引」といって、商品先物取引業者が東京工業品取引所の端末を使って入力するコンピュータートレードであるため、規定された時間内ならいつでも取引ができる。

一方、穀物などの商品は「板寄せ取引」といって、市場に業者の代表者が集まって、値段ごとに手を振って売買を行う。この場合は通常5分程度の立会い時間内でしか取引はできない。商品によって異なるが1日4回から6回の立会いがある。顧客は立会いが始まる前までに注文しなければならない。実際の取引時間は巻末の表を参照されたい。

なお、立会いといっても、実際に立会いが行われているのは東京工業品取引所のゴム市場だけで、他の板寄せ市場はコンピューターのシステムの中で行われている。

＜日計り（ひばかり）＞　1日の取引時間内で売買を完結させることを日計りという。デイトレードともいう。

3　日計り取引

　ガソリン等は、オーバーナイトの取引ばかりでなく、日計り取引が盛んに行われている。東京工業品取引所では、朝9時〜11時、午後12時30

分〜15時半までの間、市場が開いている。

　ガソリンの日計りの場合、1枚の売買で1万円ほどの損益を1日に数回作る機会がある。1日1万円でも月間20万円にはなる。勤め人には無理かもしれないが、最近では多くの学生やリタイヤした高齢者がコンピューター画面のチャートを見て取引を行っているようだ。ガソリンは多いときには1日20万枚の取引がある。大部分はこうしたデイトレーダーの売買であると思われる。

　こんなに激しい取引は怖くてできないというあなたは、大豆やトウモロコシのような穀物やコーヒー等の取引がおすすめである。値動きはゆっくりしており、1日午前（前場）と午後（後場）に数度ずつ、各5分間の立会いがあるに過ぎないので、会社で仕事をしていても、大きな損益はすぐには出ない。

4　追証（おいしょう）制度

　よく商品先物取引で財産を失ったという人がいるが、実はそんなことは取引の仕組み上ほとんどありえない。それは、「追証」という制度があるからである。

　金を1,400円で1枚買ったとしよう。証拠金を6万円納める。ところが金価格が1,370円に30円下がったとする。6万円の半分、つまり3万円の評価損となる。その時点で、商品先物取引業者は顧客に対して追証拠金を請求する。つまり最初に払った証拠金が3万円の価値しかなくなってしまったので、元の6万円に復帰してほしいと、新たに3万円の追加の証拠金を請求するのである。原則として、請求日の翌日の正午までに追証が入金されなければ、その顧客の売買ポジションは、商品先物取引業者が勝手に反対売買で閉じてしまうことが、法律で許されている。その場合の顧客の損失は3万円強の金額で収まるはずである。預けた6万円の証拠金から、その損失と手数料を差し引いた金額が返還される。2万円弱は残

る勘定になる。

　商品先物取引業者は、追証の入金がなければポジションを無断で手仕舞いすることができるが、現実的には、追証の請求がしつこく行われている。追証の支払いを渋っている間に、損失はますます大きくなることが多い。

　追証を請求されるままに、追加資金を支払うと、投資金は意に反してどんどん膨らむ。投資技術として、これは間違いである。正しくは、追証がかかったら損失を甘んじて受け入れ、ポジションを自ら閉じてしまうことが正解である。後述するように、損失は最低限に留めて、何度も損をすることをいとわない感覚が大切なのである。これを、一度の取引にこだわり、ずるずるといわれるままに資金を投入していくと、資金が尽きたところですべてがなくなってしまう可能性がある。深みにはまるとは、このことをいう。

　商品先物取引で、ひと財産を失った人たちは、いわれるままに取引をする気の弱い人か、少しの損も許せない人々なのかもしれない。あるいは、大きな金額を投入して、イチかバチかの大勝負に出た人々なのかもしれない。しかし、商品先物取引の仕組み自体は、損失の管理を適切に行う限り、ひと財産失うようなはめに陥る可能性は、極めて少ない取引である。

5　商品先物取引でひと財産作った人々

　ところで、商品先物取引で大損したという話はよく聞かれるが、大儲けした話はあまり聞こえてこない。しかし、実態としては、サラリーマンでは一生かかっても稼げないほどの財産を、商品先物取引で作った人たちはかなりたくさんいる。数十億円を稼いだ立志伝中の人や、相場を当ててポルシェを乗り回す若者もいる。また日本より海外のほうが、そうした例は多く語られている。

クリントン元大統領夫人も、先物取引で1,000ドル（約10万円）を10万ドル（約1,000万円）にしたといわれている。かの近代経済学者ケインズも先物運用の天才で、母校ケンブリッジ大学のキングズカレッジの基金を運用し、10倍以上に増やしたといわれている。日本でも高橋是清、松村謙三、河合良成、小西得郎、牛尾梅吉、獅子文六など、表立ってはいないが、多くの先物取引成功者がいる。

「相場師異聞」・「相場師奇聞」鍋島高明　河出書房新社

　米国のファンドマネージャーたちは、典型的アメリカンドリームの具現者である。運用益の数十％を自らのものにできるので、成績次第で豪華な生活が約束されている。私が商品ファンド取引でパートナーに組んだ人物は、まさにそれであった。シカゴの米国債券取引の「場立ち」から、若くして数十億円の資産を築き、いくつかの大邸宅と自家用ジェット機を持っていた。近年日本でも、銀行や商社のディーラーは数千万円の年収を取る人々がいる。彼らは、その年収の数十倍の利益を企業にもたらすから、企業にとっても文句はない。

「マーケットの魔術師」・「新マーケットの魔術師」ジャック・D・シュワッガー／清水昭男訳　パンローリング社

　それでは、彼らディーラーには一般投資家と異なるやり方やルールがあるかというと、全くそんなことはない。彼らは四六時中モニター画面とにらめっこをして、情報を瞬時に読みこなし、適切な予測を立て売買回数や売買枚数を、一般投資家より多く、取引を繰り返すだけのことである。

　一般投資家でも、後述するような簡単なノウハウを身につければ、一攫千金も夢ではない。事実日本の商品先物取引でも、ごく一部の人たちは今でも一夜にして成り金になっている。株で大儲けした人々同様、彼らはそのことをあまり他人にいわないだけである。

6 ゼロサムゲーム

　ごく一般論であるが、商品先物取引はゼロサムゲームである。正確なデータがあるわけではないが、商品先物取引を行う人のおよそ8割は損失を出して退場する。早い人は数回の取引で大損して、「二度と先物なぞやるものか」というだろう。しかし、この裏には、密かに微笑んでいる約2割の人々がいる。ただ、彼らも永久に勝ち続けることは至難の技である。そのため、2割の勝者も、さらに取引を繰り返すとその2割しか残らない。賢い人はそのあたりで方向転換をして、出金して別の世界に転進する。先物取引にとりつかれ、さらに続けてやれば、勝ち残る人々はどんどん少なくなる。しかし、それでも宝くじに当たるチャンスは約250万分の1であることを考えれば、商品先物取引でひと財産作るほうが、はるかに簡単ではなかろうか。ましてや競馬やパチンコ、その他のギャンブルよりは商品先物のほうがずっと勝ちやすい。商品先物取引で勝つ確率は2分の1なのだから。1回の取引で勝つ確率は、常に、2分の1マイナス売買手数料である。

2項 株式投資との違い

1 空売りができる

　株式投資は基本的に現物取引であり、信用取引をしない限り、買うことでしか対処できない。したがって価格が上昇することのみを期待する。確かに、高度成長時代には右肩上がりで株価が一方的に上昇したことはあった。しかしどんな価格でも、上がれば必ず下がる。相場は上がるか下がるか波打つかの3通りである。
　つい最近まで、株式は長期投資なので、じっとこらえて持っていれば、必ず儲かるという説が、「摂理」のようにいわれた時期があった。しかし、それは高度成長時代という時代背景の中においてのみ、正しい理論であった。いまや日本は低成長時代に入った。どの株価も右肩上がりで上がるとは限らない。また、景気動向次第ではどんな銘柄を持っていても株価全体が上がる時期と、どんなにがんばっても株価全体が下がる時期が、交互に来る。株式投資の場合、買うだけだから、投資したら、値上がりを待つしかない。下がればじっと辛抱の時間が過ぎる。しかし、時間には限りがあることが、問題なのだ。
　ところが商品先物投資なら、下がるときも絶好の投資の機会である。価格変動には必ずオーバーキルの状態が現れる。逆張り系のテクニカル指標は、これらの買われ過ぎや売られ過ぎの状態を的確に指し示す。買うだけで資産運用をするのは、まるで片腕で自転車を運転するようなものである。できないことではないが、両手で運転したほうが安全だし、スピードも出せる。資産の運用には売りも買いも共に収益のチャンスが

なければ、片手落ちであろう。

　最近ネット取引で、株式の信用取引が活発になってきた。しかし、株式の場合、空売りするためには、株を借りてこなければならない。融資株に対する金利を支払う必要が生じる。空買いの場合は、金利が入るため同じであるという意見もあるが、売りと買いの機会が均等でないのは問題である。証券会社や大手機関投資家が大量の株を抱えている場合は、空売りしても金利がかからないのであるとすれば、不公平でもある。

　商品先物取引は売りからでも買いからでも取引ができる。当たり前のことではあるが、資金運用のチャンスは、誰に対しても、常にある。

2　3,300銘柄ある株式と十数銘柄の商品先物

　証券取引をやる場合、東証第一部から始めて店頭銘柄まで、約3,300銘柄の中から、値上がる株を探すことになる。1日で調べることは物理的に不可能である。また、3,300銘柄のすべての情報が手に入るかというと、驚くほど企業の情報は少ない。それなのに、多くの個人投資家は、「この会社はいいぞ。今にこの株価は値上がるよ」と、さも特別な情報を知っているかのごとく、毎日ささやきあっている。証券会社の営業マンでさえも、投資企業の将来の業績をどこまで知っているか、疑問である。

　株価のテクニカル分析を行うにしても、3,300銘柄のチャートをどうやって見ることができるというのであろうか。こうしてみると、証券のほうが、プロとアマチュアの差が大きいのではないだろうか。

　一方、商品の場合は、「金・銀・白金」の貴金属、「原油・ガソリン・灯油」の石油、「アルミニウム・ニッケル」の非鉄金属、天然ゴム、「大豆・トウモロコシ」などの穀物、コーヒー、粗糖、小豆、生糸、ポテト、鶏卵など主要銘柄は数えるほどしかない。これらのファンダメンタル分析をするにしても、テクニカル分析をするにしても、市場の内部要因を見ることも、一般投資家がさくことのできる時間内に十分な情報を得る

ことができる。また、全部の商品を取引しなくても、数銘柄を分散して取引するなら、それらのチャートを毎日眺めることは可能である。

3 少ない資金で始められる

　商品先物取引は証拠金取引である。先に説明したように金の現物を1kg買うためには140万円必要だが、商品先物取引では6万円で取引できる。最近人気を集めている中部工業品取引所のガソリン取引は2万4千円の証拠金を出せば1枚売買できる。ガソリン価格は1日で100円近く動くから、倍率が100倍のガソリンは1日で1万円前後の損益が生じる。2万4千円が数日で倍になるか、なくなるか、という機会の提供である。商品先物取引は数十万円あれば、十分楽しめる。

　初めて商品先物取引を行われる方は、全額なくなっても支障のない程度の金額、たとえば50万円くらいから、取引は1枚単位で行うことをおすすめする。

◆東京工業品取引所の委託本証拠金

金	¥60,000	銀	¥63,000	白金	¥52,500
原油	¥105,000	ガソリン	¥105,000	灯油	¥105,000
ゴム	¥75,000	アルミ	¥60,000	2004年3月	

◆東京穀物商品取引所の委託本証拠金

一般大豆	¥75,000	NON-GMO大豆	¥15,000	トウモロコシ	¥60,000
大豆ミール	¥60,000	アラビカコーヒー	¥60,000	ロブスタコーヒー	¥45,000
小豆	¥42,000	2004年3月			

その他の商品市場の詳細は、巻末の表を参照されたい。

4 価格の変動が株式より激しい

　商品先物取引の価格の変動は株式より激しいため、損得の決着が早くつく。それがハイリスクなゆえんである。

　知人で、1つの株式銘柄だけを売買している人を知っているが、彼は1年に数回取引を行うだけである。株価の変動は、ゆったりしているからだ。しかし、1年に数回の取引で資産を増やそうとすると、よほど元金が大きくなければ投資効率がよくならない。商品先物取引をしていると、株式投資はまだるっこくってやっていられない。株式でも日計り取引はできるが、商品に比べると値動きが緩慢なため、資金量が大きくないと1日の利益は小さい。

　商品先物取引は、中部商品取引所のガソリン市場のように、2万4千円の投資で1日に1万円、つまり投資額の5割近くの損得がある。1千万円投資して1日で5百万円損得があるということであり、株価ではこれほどの値動きをするものはあるのだろうか。

　株式など現物取引は価格が2倍になることはめったにない。しかし、商品先物取引の場合、資金が2倍になるということは金の価格が1,400円から1,460円になることをいう。

5 株券や債券を証拠金に充用できる

　商品先物取引の証拠金として、株券や債券を入れることができる。取引所が評価価格を毎月発表し、掛け目が規定されているが、塩漬けにした株券や金利収益の確定した国債等債券の有効利用になる。

6 インサイダー取引がない

　商品先物取引にはインサイダー取引の規定がない。商品の価格は全世

界で取引されており、株式のように日本固有の問題ではないからだ。株式の場合、人間が行う企業活動の将来性などが判断の基準になる。そこにはたぶんに人為的要素がからんでくる。しかし、商品の場合、需給バランスというどちらかというと科学的要素が主要素となる。したがって、どんなに需給バランスなどの価格変動要因を研究しても、法律に触れることはない。

　商品先物取引にインサイダー情報となるような、特殊な情報がないかといえば、それは違う。たとえば2002年12月28日に南アのプラチナ鉱山の精錬炉が爆発した。このニュースが報道されたのは2003年1月7日であった。たまたま正月休みであったが、ニュースは10日間関係者のみが知ることとなった。また、その事故のインパクトがどれほどのものであるかは、内部関係者以外にはわからない。私はプラチナの専門家であったので、南アのこの精錬炉を何度も見学しており、生産設備におけるこの設備の事故の影響が、極めて大きいことを知っていた。そこで年初から、社内の号外等で営業担当者や顧客にこの事実を知らしめ、友人知人にプラチナ価格は上昇すると教えて回った。結果として3月の初めに精錬炉の修繕が完成するまで、プラチナ価格は2,100円から約2,450円まで350円上がった。この情報に深く関与して、正しく対処した者は、1枚の取引で6万円の元手が23万5千円（プラチナの倍率は500倍）と約4倍になった。だが、それはインサイダー取引とはいわれない。

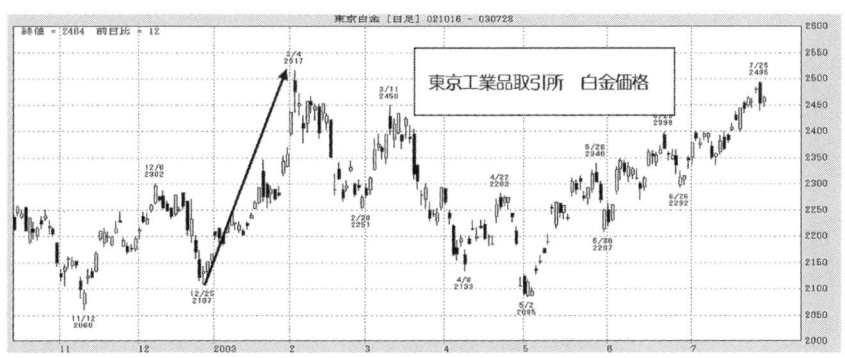

7 株式取引の場合、株価全体に影響を与える価格変動要因があるが、商品先物取引は、商品価格全体に与える要因は少ない

　証券の場合、日本の経済動向が、全体の株価に影響を与える。個別の企業業績がたとえよくても、株価は全体の影響を受けて、どの株価も下がってしまうことがある。だから、違う業種に投資を分散しても、実際には分散投資になかなかならないという悩みがある。しかし、商品の場合、貴金属と穀物の価格はほとんど相関性がない。分散投資を理論通り行い、リスクをミニマイズすることができる。

　輸入品の商品は一律に「為替」の影響を受けることはある。しかし、円高になれば必ずしも価格は何でも下がるかというと、そうでもないところに難しさがある。

ヘッジファンドの考え方

「ヘッジファンド」とは、1949年米国の社会学者で「フォーチュン誌」の編集者でもあったアルフレッド・ウィンスロー・ジョーンズが「経済予測の手法」という本で提唱し、投資のためのパートナーシップを設立したのが最初といわれている。その概念は、株式を購入する場合、通常は値上がりしそうな割安な銘柄を買うが、ヘッジファンドでは同時に値下がりしそうな割高な銘柄を売る。

同時に売りと買いの2つのポジションを持つ。すると、何か政治的・経済的要因で株価全体が下がってしまった場合は、割高な銘柄（空売りしている銘柄）の下げ幅のほうが、割安な銘柄（買っている銘柄）の下げ幅より大きいはずだという理論である。

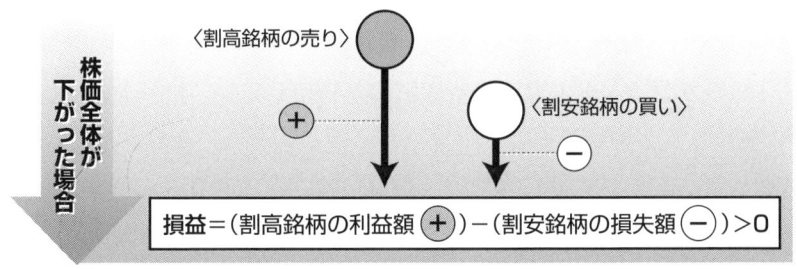

一般的には、ヘッジファンドでは何かを買う場合でも、違うものを売ってリスクを分散させる手法を取る。また、投資した資産を担保に入れて、さらに借り入れを行ったり、証拠金取引の先物取引等で、レバレッジ（てこの原理）をきかせてより大きな取引を行う。

日本の商品ファンドのように最少単位が10万円と小さくなったものもあるが、欧米でのヘッジファンドは、機関投資家や富裕層のみを対象と

し、運用成果に基づいた成功報酬となっている。ヘッジファンドの市場は現在では3,500億ドルから4,000億ドル（約40兆円:日本の国家予算の約半分）といわれている。

「ヘッジファンド」と「投資信託」の違いは、

① 「ヘッジファンド」は大口顧客のみを対象としたプライベートファンドである。
② 「ヘッジファンド」には「ミューチュアルファンド（投資信託）」に適用される規制がない。
③ 「投資信託」は、チームによる運用であることが多いので、合議制がとられることが多いのに対し、「ヘッジファンド」は、運用担当者に大きな権限が与えられ、責任を負わされている。
④ 「ヘッジファンド」は、成功報酬を主な収益とする。損失を出すと、それを解消するまで収入がない場合が多い。
⑤ 「ヘッジファンド」は、運用者自身の資産が入っており、また、報酬の大部分が運用資産に再投資される場合が多いため、「投資信託」や「年金資金運用」等のように、人の金だから運用に失敗しても平気でいられる運用と、真剣味が異なる。
⑥ 「ヘッジファンド」は、先物取引等を利用したり、借り入れを行い、集めた資金の何倍ものレバレッジ（てこの原理）をきかせる。

「商品ファンド」とは、究極の「投資信託」といわれる。

その違いは、何でもありというところであろう。つまり、「投資信託」のように、投資対象を限定列挙した運用と違い、為替であれ、金融商品、商品先物、あるいは絵画や競馬馬、商品そのものなど、利益が出ると思うものに対しては、フレキシブルに投資していくところが違う。「投資信託」というと、もっぱら株式の現物投資が多く、「ヘッジファンド」といえば、企業買収も含む株式投資や債券投資が多いのに比べて、「コモディティーファンド」あるいは、「マネージドフューチャーズ」と呼ばれる「商品ファンド」は、あらゆる市場を対象としている。

4項 商品先物取引のリスク

1 投資資金がなくなるリスク

　株式や債券の場合、企業や国家が倒産しなければその価値はゼロとなることはない。しかし、商品先物取引の場合、金の価格がゼロになることはないが、証拠金はゼロになることはよくある。また、ごくまれに出資した資金がゼロ以下になることがありえる。そこが商品先物取引の怖いところである。したがって、より精緻なリスクマネージメントが必要となる。ただし、前述した追証制度により、出資した証拠金以上の損失は理論上ほとんどありえない。追証がかかったら、そのポジションの反対取引をして手仕舞ってしまえば、証拠金の範囲内で損失は収まるので、残金は残る。

<例>
金の価格が1,400円のときに6万円の証拠金を出して、1枚買った。その後金の価格が1,370円に下がったので追証がかかった。追証を支払わずに損切りしたが、実際には1,360円で売成約した。損失は40円×1,000倍＝40,000円。それに手数料がインターネット取引なら約2,000円（及びその消費税）として、合計42,100円のロス。ここで出金すれば出資金6万円のうち17,900円が返金される。

　商品取引所では、取引所のルールとして1日の値幅制限を商品ごとに設定している。その値幅は、1日で追証がかかることがないように考えて決められている。だから、仮に価格が暴落や暴騰しても、原則として

1日では追証はかからない。全く運が悪い場合、朝、市場が始まってすぐに価格が値幅制限いっぱいに動いてしまい、それ以上の取引ができなくなってしまうことがあり、これが何日も続くことがありえる。こうなると自分のポジションを閉じたくても相手がいないことになってしまい、証拠金以上の損失をこうむることがありえるが、確率的にはかなりまれなケースである。

　したがって、原則的には1回の取引における1日の損失は、証拠金の範囲内にほとんど収まるといえる。

　ただし、追証がかからない範囲で収まるのは日本時間昼の相場時間帯のことであり、日本の取引所が閉まった後は、翌日、日本の市場が開くまでの間に価格はしばしば証拠金の額を超えて変動することがある。特に原油やガソリン・灯油等値動きの激しい商品は、たとえばイラクへ米国が侵攻した間に大きく変動した。こうなると、翌日までポジションを残していた場合、大儲けか大損かを、寝て待つことになる。日中の1日では証拠金はなくならなくても、オーバーナイトで取引をしてひと晩明けると、証拠金以上に損失が膨らむことはありえる。それほどハイリスクである。

2　預けた資金の保全リスク

　証拠金は商品先物取引業者に預ける。それでは商品先物取引業者が持ち逃げしたり、倒産したらどうなるだろうか。この場合、2つのリスクがある。

　1つは、その業者が倒産することによって、投資家が行った先物取引自体の契約が不履行となるリスク、即ち違約のリスクである。

　もう1つは、預けた資金が戻ってくるかという、信用リスクである。結論からいうと、どちらのリスクも、完全ではないにせよ、かなり厳重に管理されている。それは、この業界の生い立ちと関係がある。つまり、

これまで業界の行儀が悪かった分だけ、時の行政官庁がこの業界を監視監督し、法律によって何重にも制限をつけることにより、これらのリスクをミニマイズしてきたからである。

最初の「違約のリスク」を保全するために、3つの歯止めが備えられている。その仕組みは以下である。少し専門的になる。

第1は「取引証拠金」である。これは委託者（顧客）が業者に出す「委託証拠金」を元に、業者が取引所に預ける証拠金である。業者は顧客から委託を受けあるいは、自己の勘定で先物取引を行う場合に、取引所に「取引証拠金」を預ける。

第2は「特別清算負担金（特別担保金ともいう）」である。業者は、「取引証拠金」以外に「特別清算負担金」を毎月取引所に預託しており、業者の違約がある場合は、この資金を使って取引を履行させることになっている。

第3に「値洗い」といい、業者は毎日その日の終わり値により自己と委託のポジションを合わせて、その損得勘定を評価し、その差金を取引所との間で翌日決済している（すなわち証券業界に先駆けてt＋1になっている。つまり、顧客が業者に対して、出金の要請をした場合、資金は原則として翌日取引口座に振り込まれる。証券業界では未だにt＋4で決済されている）。取引業者が倒産した場合、その業者と先物契約をしていた相手方業者の損害は、倒産した業者の1日分の負け分だけということになっている。この損害は、上記の取引証拠金や特別清算金でまかなわれることになっている。

【言葉の解説】

＜建玉（たてぎょく）＞　取引所にて売買注文が成立したものの中で、まだ反対売買で取引が結了していない未決済のもの。

＜値洗い（ねあらい）＞　現在の含み益・含み損、つまり評価損益の

> こと。成立値段から現在の評価価格を差し引きして、取引枚数を掛けたもの。また、業界用語としては、商品取引業者が、毎日取引所との間でその日の終わり値とその業者が持っている建玉の評価損益を清算する行為をいう。

次に倒産した業者に預けた委託者の資産については、3つの施策で保全されている。

第1は「受託業務保証金」である。これは、受託業者が毎月取引所に対して積み立てるもので、業者が倒産した場合、顧客である委託者は、その業者の積み立てた受託業務保証金により債権を弁済するように取引所に対して直接請求できる、と法律に定められている。

第2は「分離保管制度」で、これも法律により定められている。これは委託者からの預かり証拠金等は国が指定する特定の金融機関に、業者の資金とは区別して保管することになっており、業者が万一倒産した場合、その金融機関はこの保管資金を業者が手をつけないように保全し、直接、委託者に返却することを定めている。原則として業者は、この資金を法律に列挙された取引証拠金等の用途以外に使うことはできない仕組みになっている。

第3は、「補償基金」である。これは業者が長年にわたって積み立てている弁済基金で、受託債務保証基金協会の会員相互の、共同補償のために使われるものである。1社当たり30億円を上限として、基金から委託者債務の補償に充当される。

これらの制度でも欠陥があるとして、最近さらに、証拠金は全額取引所に預託することにすることが決まり、また将来欧米型のクリアリングハウスを設立する検討が始まった。倒産した業者のポジションを他の業者に移すトランスファー制度や、取引所外のクリアリングメンバーによる補償制度などが検討されており、2004年度以降に法律が改正される段

取りとなっている。

　銀行ですら1,000万円以上は保証できない世の中で、商品先物取引は、完全とはいえないまでも、資金の持ち逃げリスクはほとんどない。その意味で、商品先物取引は安全な資産運用手段である。

　この業界は経済産業省と農林水産省の共管により、商品先物取引所法に基づいて規制されている。毎月、両省によって業者の財務内容が厳しくチェックされ、分離保管の状況や財務内容等、資金面・財務面でのチェックと、顧客とのトラブル等取引態度のチェックが行われている。許可事業であるので、6年に一度、定期的に許可の見直しが行われる他、主務官庁は必要に応じて立ち入り検査を行う権限を持ち、財務内容等が基準を下回れば、最長6ヶ月の営業停止処分や、業務改善命令を出すことができる。監督大臣はまた、業者の役員の罷免を行う権限を有している。

　業界の自主規制団体として日本商品先物取引協会が、やはり法律に基づいて設置され、受託等を公正・円滑にし、委託者を保護するために、業者と顧客との紛争の解決等を行っている。

　業者が雇用する営業マンは商品取引外務員というが、国家資格の外務員試験に合格した者以外はできないことになっている。以前は目をつむっても受かるという代物であったが、最近はかなり難しい試験内容になっており、法律などを正確に記憶していないと通らない国家資格となっている。証券外務員試験とは大違いである。

　このように、二重三重に事件事故に対する備えはなされているが、それでも避けられない事態はありえるので、大金を取引する場合は、なるべく信用のおける業者を選ぶことをおすすめする。

　実は、この文章を書いた後で「東京ゼネラル」の倒産劇があった。同社は顧客から預かった商品ファンドや商品先物の証拠金を使い込んでいた。毎月行われる官庁の書類検査には虚偽の申告がなされていた。この問題は、商品先物業界の信用を失う事件であった。しかし、私はこうした事件が商品先物取引業界をますます健全化させていくと見ている。雨

降って地固まる。数年先には、業界のうみは出尽くし、新たな飛躍が訪れると思っている。

ただ、これから商品先物を始めようという方は、信用力の高い取引業者に資金を委託されることをおすすめする。どうやってそれを見分けるかは難しい問題だが、業界各社の業績は毎年公表されている。日本商品先物取引協会が管理しているので、問い合わされるといい。

日本商品先物取引協会　http://www.nisshokyo.or.jp/
同協会会員の開示資料　http://www.nisshokyo.or.jp/disclosure/index.html

3　価格変動リスク

価格が上がるか下がるかのリスクは、株式投資よりも大きい。なぜなら、商品価格は日本だけの要因ばかりでなく、世界的な需給関係・政治経済情勢等により市場価格が変動しており、24時間休みなく、さまざまな出来事により影響を受けている。日本が休日でも、ロンドンやニューヨークでは市場が開いており、事故や紛争、天候異変など、突発的な出来事を市場は即座に吸収してしまう。したがって、株式のように企業の半年後の業績を見通す等といった悠長なことはいっていられない。だから、商品先物取引をやる人は、世の中の情報にかなり鋭敏でなければならない。また、ある程度余裕資金でなければ、投下資金が短期間になくなってしまう可能性は株式投資よりはるかに高い。

商品先物取引は、ハイリスクハイリターンな投資である。また、ハイリターンはごく限られた一部の幸運な人にのみ恩恵をもたらす。残りの大多数の人々は資金を減らすことであろう。そうした性質を持つ取引なので、なくなっては困る資金を投入するのは考えものだ。老後の資金や住宅購入資金を倍にしてやろう等と思うには、商品先物取引はあまりにリスキーといわざるをえない。

4　情報収集リスク

　商品先物投資における最も大きなネックは、いつ何をどれだけ買ったらよいか、あるいは売ったらよいかという情報を得ることが、かなり難しいことである。これは株式投資でも同じかもしれない。株式投資より銘柄が少ない分だけ、商品投資のほうが有利であろう。それにしても、上がるか下がるかの決断を適切に下すことは難しい。

　商品に関する情報の量は極めて多い。新聞紙面の政治経済記事のすべてが、商品価格に影響している。それを分析して判断するノウハウと時間が、一般の人には少ないだろう。それが、この投資の最大の欠点である。だから、何も知らない素人が、商品取引員の営業マンのいうままになり、のんびり構えて投資すると、市場の玄人集団の餌食になってしまう。

　代表的な玄人集団が「総合商社のディーラー」である。商社の商品ディーラーは、内外の現物取引のサプライヤーやユーザー等の反対売買相手を常に抱えている。だから臨機応変に立場を変えることができる。そして何よりも24時間常に商品相場の中にいる。だから、価格の変動を肌身で感じることができる。

　したがって、大衆の負け分を商社がごっそり持っていくという商社の一人勝ちの構図が生まれる。それに加えて近年、ファンドと呼ばれる機関投資家の売買が、市場価格を大きく動かすようになってきた。商社やファンドがしのぎを削って市場に立ち向かい、かよわき一般大衆が資産をつぎ込んでは、それを彼らがさらっていくという構造ができ上がっている。

　しかし、大衆もいつまでも皆が皆、負けるわけではない。少なくともこの本を読まれた方や、自己の資産を本気で大きくしていこうという若者たち、高齢者たちが、インターネット等の情報を駆使して、真剣に相場に取り組めば、ファンドや商社を負かすことも夢ではない。商品先物は、証券業界に比べて玄人集団は圧倒的に少ない。実は、数えるほどの

人数である。日本の商品先物取引は個人投資家の市場であるので、大多数の市場参加者は素人に過ぎない。だから商品について少し勉強すれば、人より優って勝つ確率が、証券投資よりかなり高いと私は思う。

　その意味では、この本で投資技術を公開することは痛し痒しである。それでもあえてそうするのは、この業界の健全な発展を願ってやまないからであり、また、長年、将来の予測を生業としてきた本能が、商品先物取引は近々大ブレークするであろうと予言しており、その波に乗ろう、否、その波を引き起こす起爆剤になってやろうという気持ちが本書を書かせた理由である。

2章

商品先物取引の勝ち方

1項 損切り（ストップロス）

　損切りはマネーマネージメントの一種であり、いい古された言葉である。しかし、私は投資で資産を増やすためには、まずこのことを一番に力説したい。

　私の勝率はよくて6割、55%勝てればいいほうである。大数の法則により、取引を長く続ければ続けるほど、勝率は5割に限りなく収斂する。それでも、資産は増えるのである。なぜなら、負けるときは小さく負け、勝つときは手数料を補ってあまりあるほど大きく勝つからである。負けることは自動的な作業であるので、あまり気を使う必要はない。システムの問題である。大きく勝つために全神経を集中させる。

　麻雀で勝つためには、4回に1回まわってくるチャンスをいかにものにするか、そのときにいかに大きく稼ぐかにかかっている。上がり続けようとすれば、必ず負ける。そんなことは期待値であり、勝ち続けることなど不可能なことである。いかに振り込まずに出費を抑え、いかに収入を大きくするかが、麻雀ゲームのテーゼだと思う。

　クォンタムファンドで有名なジョージ・ソロス氏は、「私がすぐれていたのは、間違いと気づいたときに、だれよりも早くその投資から手を引く術を心得ていたから……」と口癖のように述べている。つまり、一攫千金で儲けるチャンスを逃さないことも重要であるが、それ以上に重要なのは、自己資金がなくならないようにすることである。それは損失を出さないということとは違う。損失を、いかに小さい損害に食いとどめるかのことである。それも、多くの間違った判断を下した人たちの中から、一刻も早く抜け出すことが大切なのである。

　損切りこそ、プロとアマチュアの分岐点である。プロの場合は、売買

の発注と同時に損切り注文を行うのが常識となっている。損切りは投資時点で同時に行うことがよいとされる。最近のインターネットトレードでは、この注文予約ができるシステムが多くなった。つまり、金を1,400円で買い注文を出すと同時に、「それが成立したら、1,370円でストップロスオーダーを入れ、1,450円でプロフィットテイクオーダーを出す」ことが、同時にできるようになった。そうしておけば、たとえ投資家がトイレに行こうが、あるいは会社に出勤しようが、安心して相場を忘れることができる。

　ただし、インターネットを利用しても損切り注文は、日本の取引時間中だけであり、夜中に大事件が発生して翌朝一番の価格が、はるかストップロスを通り越した場合は、その価格で取引が成立する。

　しかし、これも考えようで、もしストップロスを注文していなかったならば、翌朝以降にさらに不利になった時点で損切りを決断することになったかもしれない。それよりはましだと思えばよい。何も対策をとらなかった場合、翌朝大幅な損失の可能性があるなら、翌朝同じく大幅な利益となることだって5割の確率でありえる。しかし、なぜか不思議に、夜中に大事件があった場合は損失になることのほうが多い気がする。だから、安心して眠るためには、ストップロスを注文しておいたほうが健康によい。

　損切りがプロの技であるという理由は、損切りラインの調整がかなり難しいからである。相場付きによって損切りラインは変わる。たとえばボックス相場で価格がごく限られた狭い範囲で上下動を繰り返す場合、損切りラインを小さく取ると何度もやられてしまう。

　一方トレンドが出たと認識した場合は、一旦下がることがあっても、長い上昇気流に乗ることがある。そうした場合も損切りラインを深く取る必要がある。相場のボラティリティー（変動の振幅の激しさ）によって損切りラインの設定幅は変わる。

　また、自己資金が小さいときの損切りラインはおのずと小さい。資金

が増えてくれば、体力にあわせた損切りラインとなる。

　しかし、一旦損切りの方針を立てたら、それを改悪する例外を決して認めてはならない。価格が損切りラインに近づいたからといって損切り注文を取り消したり、損切りラインをより深く切り直すことは、絶対にしてはならないご法度である。

　一旦設定した損切り注文は、キャンセルしてはいけない。損が出始めてしまったときに、もう少し待てば価格は戻るかもしれないと思って損切りをキャンセルする態度は、素人そのものである。相場に勝つためには、損失に対して恬淡（てんたん）とならねばならない。

2項 マネーマネージメント

1 資金配分

　「損切り」と共に重要な「守り」の戦略は、運用しようとする自己の資産の額に見合った投資戦略を立てることである。資金もないのに、イチかバチかの投資をするのはギャンブルであり、資金運用ではない。商品先物取引は、資金がないとできないと思われている方が多いかと思うが、50万円もあれば十分取引を堪能できる。資金量によって売買枚数は制限される。50万円であれば、1枚ずつの売買が適切であろう。しかし、商品としては5種類くらいを建てることができる。

　自分の手持ちの資金がいくらあるか、それをどれだけ増やしたいかの計画立てることは資金運用の重要な手順である。

　たとえば、100万円の資金で2,000円の昼飯代を稼ぐことはかなりの確率で可能である。金を1枚買って、損をしたら切り、利益を深く取る。その差が手数料＋2,000円になったら、取引を止める、としたら、おそらく簡単であろう。問題は100万円を200万円にしたいと思うからであり、2倍にしようとなると、成功の確率はどんどん小さくなる。

　少額の資金の場合、とかく一発勝負で大きく張りたがる。しかし、これは財産をなくす簡単な方法である。1回の取引の確率はあくまで5割引く手数料であり、負ける確率のほうが高い。前述のように、小さい負けを甘んじて繰り返しているうちに、ツキが回ることがある。そのときにこそ大勝負に出るのだ。といっても、大勝負のときでさえ、負けることを念頭に臆病なほどに資金配分をしなければ、長続きできない。自分の余裕資金を作るまでに何年かかったかを、胸に手を当てて聞いてみるべ

きだ。大きく勝つことと、資金配分との兼ね合いが、ひと握りの成功者になるかどうかの分かれ目であり、多分に運を味方につけねばならないところである。

　ファンドの運用成績を格付けする場合に、最大ドローダウンという指標がある。ドローダウンとは利益の「山」と損失の「谷」の深さのことをいうが、この指標を見る場合には、ドローダウンの回復の期間を見る。これは、過去の運用成績がよいファンドであっても、最大ドローダウンが大きいものや、ドローダウンからの回復期間が長いものは、損失管理能力に問題ありとして投資を敬遠すべきだ、ということをチェックするためのものである。

　業界用語では「満玉（まんぎょく）を建てる」というが、あり金全部を一度の取引に使い切ることは厳禁である。何が起るかわからないので、何割かは残しておきたい。なお、この資金は負けたときの追加投資に使うのではない。勝ったとき、さらに勝つための追加投資に使うのである。

　いうまでもないが、勝った金を飲み食い道楽に使うのは、資産運用とはいわない。

２　目標管理

　相場に勝つとはどれほどのことをいうのか、目標を決めておきたい。資産運用が年率何％上がれば勝ったことになるのか。読者のみなさんなら年率何％を思い浮かべるだろうか？

　数学的確率論からいえば、資産を5倍にすることは不可能に近いらしい。資産を5倍にすることが不可能なら、2倍といいたいところだが、その2倍ですら確率論からは97％近くが失敗して元手をなくすらしい。
（うそだと思われる方はエクセルを使って表を作るとわかる。つまり上がるか下がるかを毎回賭け、当たったら＋1、はずれたら－1として、10回連続して賭けたとすると、当たりとはずれのあり方は2の10乗つまり

1024回である。50万円の資金で1回10万円ずつ賭けるとすると8回目で元金50万円がなくなる人が3％ある。10回目で50万円なくなる人は6％。合計約1割の人が10回賭けたところで50万円の元金がなくなる。一方100万円以上になるのは、37.5％ある。これは、エクセルを1時間ほど使えばわかることである。しかし、そのまま、どんどん続けていくと、確率の計算式によれば、100万円になった資金もなくなってしまい、3％の人しか100万円をキープできなくなるらしい。）

「先を読む統計学」「統計学で楽しむ」鈴木儀一郎　講談社

　さて、投資を続けている場合の目標数値は、年率20％程度が妥当であり、これでもかなり高い水準である。毎年20％の利益を得てそれを再投資すれば、1.2倍の複利、すなわち5年後には2.5倍、10年後には、資産は6倍になる。実は、毎年20％の利益を出し続けるということは、世界的なプロの投資家にとっても至難の技なのだ。ことに投資信託のように、売買手数料や管理手数料として、常時ファンドの外部に元本の一部が流出してしまう世界では、極めて難しい数字といえる。ちなみに日本で売られている商品ファンドの、これまでの運用利回りで、20％を超えるものは数えるほどしかない。私の知る限りでは1本のみである。まずこのことを認識していただきたい。どれだけ儲けたらよいかの目安は、年利20％が大成功の部類に入る目標であることを。

社団法人日本商品投資販売業協会 商品ファンドデータ運用成績
http://www.jcfa.or.jp/funddata/performance.html

　私は、Managed Account Report（MAR）という商品ファンドの世界各地で行われるセミナーに、何度も出席したことがある。講演者はその年に驚異的なパフォーマンスを上げたファンドマネージャーである。しかし、彼らは翌年も好成績を上げたかというと、なかなかそうはいかなかった。ごく一部の超有名なファンドマネージャーでも、何年も勝ち続けるのは難しい。ちなみに1994年から2000年にかけてのヘッジファンドの運用利回りは、平均して年率約17％だった（MARによる）。

Managed Account Report社ホームページ（英文）
http://www.marhedge.com/

　しかし、この統計には、倒産したファンドの成績が設立当初に遡って排除してある。つまり運用利回りゼロのファンドの成績は含まれていない。それらを含めると運用利回りは年率約9％に下がる。ところがさらに、この利回りには米国債の金利収入が含まれている。ヘッジファンドは世界のあらゆる先物市場等で資金を運用するが、その証拠金は現金ではなく、米国債などの形で差し入れられる。したがってこの国債の利回りを取り除くと、実質的な運用利回りはドルベースで、何と年率約2.4％なのだ。これが世界の大金持ちの資産を運用しているヘッジファンド、プロ中のプロの平均運用実績である。20％以上のファンドもないことはないが、ほんのひと握りである。

　彼らは世界のあらゆる先物市場を映し出すモニター画面から片時も離れることなく、寝食を忘れて相場に勝つことに時間と労力を費やしている。素人のあなたの運用成績が、たとえマイナスであっても致し方ないと、ご納得いただけたであろうか。

　まず、あなたの資産運用の目標を、年率20％に置き換えていただきたい。1年で倍にしてやろうとか、大金持ちになるという夢は、宝くじでも買ったときにしていただきたい。しかし、毎年20％の利回りがあり、その収益に手をつけないでいられるなら、今日の100万円は5年後には250万円になり、10年後には600万円になる。何だそんなものかというなかれ。これでもたいへんなパフォーマンスであり、銀行預金とは比べものにならないのだから。そして、ごく一部の人が、信じられないほど儲けることができる。

　金額の多寡より、当初資金がどれだけの「利回り」で回ったかに目を向けるべきである。

3 記録をつける

損切りや目標利益を頭の中で考えて取引を行うと、規律のあるトレードはできない。少し手間をかけて下記の表のようなものを、トレードを始める前に作っておきたい。

とくに損切り価格は、一旦決めた損切りラインを改悪してはならない。目標利益は状況に応じて変わることもある。また、損切りラインは収益の増加と共に変わることがある。

銘柄	現在の価格	目標価格	目標期待利益	損切り価格	リスク額	リスク／利益

取引の記録はトレーダー本人がこまめにつけるべきであり、また、トレードごとに感想をコメントしておくと、将来同じ場面で同じような間違いをしなくなるという教育的効果がある。

3項 取引手法

1 分散投資

　売買する銘柄を分散することにより、単発の取引なら資金がなくなってしまうリスクも分散される。取引する銘柄ごとの相関係数が低いものほど、異なったパーフォーマンスを生む。

　商品先物取引が歴史的に注目されたのは1987年10月のブラックマンデーだった。この日、米国等世界の株式市場は暴落の連鎖を演じたが、商品先物は逆に高騰した。金融商品に特化していた投資信託のパーフォーマンスより商品先物など多くの先物に分散投資していたファンドのパーフォーマンスが圧倒的によかったことが、その後の商品ファンドのブームにつながった。

　個人の資産でも、定期預金や債権投資等のようなローリスクローリターンな投資ばかりでなく、ミドルリスクの証券投資、ハイリスクの商品投資等、バリエーションを豊富にすることにより、全体のリスクリターンを最適化することができる。

　さらに、商品先物投資の中でも、貴金属、穀物、石油等、相関性の低い銘柄に分散投資することにより、一度でやられるリスクを軽減することができる。常時数銘柄を売買していれば、利益が出ているものと、損失を出しているものができる。利益が少しでもあるほうが損切りをする気持ちのゆとりが持てる。もっとも、分散投資すればするほどリスクは少なくなるが、それと共に期待利益も減少する。

2 アービトラージ（裁定取引・鞘取り）

　リスクを軽減する方法としてある銘柄を買うと同時に、他の銘柄を売るという組み合わせ取引を行うことがおすすめである。商社の先物ディーラーやブリオンディーラーは、商品間や市場間、隔月間の価格差の理論値を頭に描いており、相場がその理論値をかけ離れると、理論値に戻る方向に売買を行う。端的な例が、ニューヨークの金の価格が、日本の金の価格とかけ離れた場合、高いほうを売り、安いほうを買うというアービトラージ（裁定取引・鞘取り）を行う。

　この場合の理論値とは、ニューヨークでも日本でも金の価格は同じになるはずだというものである。実際問題としては、両価格には、時間の経過と為替の変動があるため、金の価格が厳密に同じ価格になるのは瞬時であり、人間技ではそれを見極められない。あくまで観念上の問題であり、多くの人が同じように思って同じような行動を起こしたときに初めて価格はその方向に動く。だから裁定取引をする場合は、厳密な計算式というより、この値差なら、多くのプレーヤーがこれはおかしいと思うはずだという感覚がよりどころとなる。

　実践としては、大豆とトウモロコシの価格差、ガソリンと灯油の価格差、アラビカコーヒーとロブスタコーヒーの価格差など、相関性の高い銘柄間の価格比較や、当限と先限の直先差（じきさきさ）の変動などが目のつけどころとなる。これらの差が、通常より大きくかけ離れたときが仕掛けどきである。そのためには、何が通常であるかを見ていなければできない。比差や比価のチャートを見れば歴史的経緯は一目瞭然である。次のチャートは、2003年下期の東京トウモロコシ価格と、東京一般大豆価格、及びその比差である。

　11月に大豆価格が先行して上がったため、【＜大豆＞－＜トウモロコシ＞】の比差が23,460円に拡大した。11月4日に大豆売りのトウモロコシ買いをしていれば、その後トウモロコシ価格は遅れて上がってきたため、

比差が縮小し、12月24日には17,470円になっている。2ヶ月弱で1枚当たり5,990円の利益である。大豆は50倍、トウモロコシは100倍なので、大豆は2枚売り建てなければならないが、トウモロコシ1枚当たりの収益は59.9万円である。証拠金は大豆2枚で12万円、トウモロコシは6万円合計18万円である。

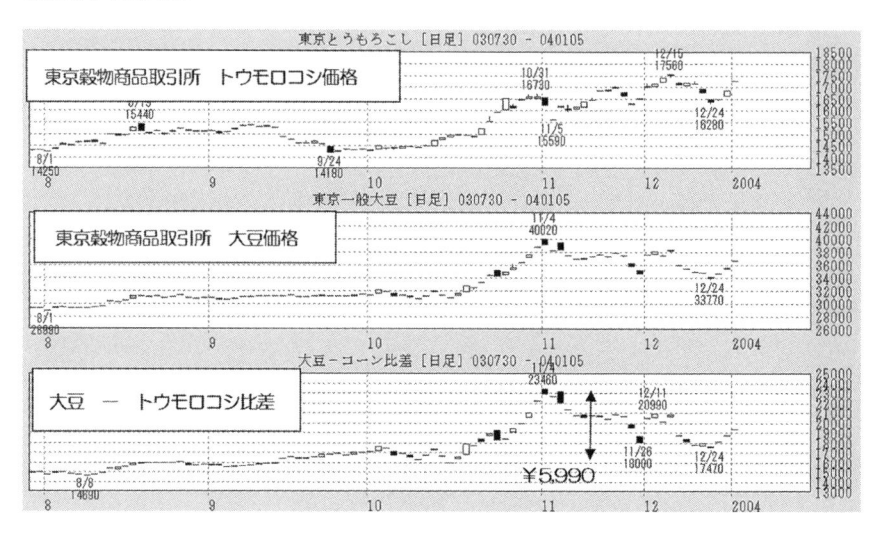

　注意しなくてはならないのは、こうしたアービトラージ（裁定取引）を行った場合、利益が出たほうだけ反対売買をして利益を確定し、損失が出ているほうを放っておくという態度に出がちであるということだ。これは、次に述べる両建てと同じであり、禁じ手である。裁定取引とは、2つの商品がセットで考えられるべきであり、売買は2つの商品を同時に建てて、閉じるときも同時に行って初めて裁定取引が成り立つ。強い意思力を発揮して、当初の方針を崩さない態度が必要である。

3 正しい方法だと、間違って覚えられている取引手法の禁止

　投資には各種の禁じ手がある。それらの禁じ手の中には、あたかもこれは投資のプロが常用している手法だと、間違って流布されている取引手法がある。これらは、業者にとって有利であるものや、顧客の資産を早くなくさせるためのセールストークであることが多い。

【なんぴんの禁止】

　難平（なんぴん）とは、評価損失が出たポジションと同じ方向で再度ポジションを建て、平均価格を下げるような投資戦略をいう。たとえば1,400円で金を1枚買ったら1,350円に下がってしまい、5万円の評価損益を出してしまった。そこで再度1,350円でもう1枚買い建てた。2枚の平均購入価格は1,375円になった。という投資手法であり、一見正しいかに見え、損失者の心理状態には安心感を与える手法であるため、しばしば証券会社や商品先物取引会社の営業マンがおすすめする。

　しかし、これは、最も早く資金をなくす方法である。

　私は香港駐在時代しばしばマカオに通った。「大小」というゲームがあり、3つのサイコロの合計が10以上なら「大」、9以下なら「小」という単純なゲームである。先輩が、1,000円張って、負けたら倍張ればいつか勝つという理論を実践した。しかしすぐに行き詰まった。

　1,000円・2,000円・4,000円・8,000円・16,000円・32,000円・64,000円つまり、7回連続で負けると、127,000円の出費になる。ここで勝っても、利益は1,000円である。よほどの資金力がないとできないし、64,000円張ってようやく勝った後で、また1,000円を張る気はしなくなる。ところで、意地になって「小」に張っても、7回連続で「大」が出ることはしょっちゅうある。

　著名な投資家W.D.ギャンのテクニカルに関する28か条のルールにも

「なんぴん取引の禁止」が書かれている。ギャンは1878年6月6日米テキサス州ラフキンに生まれ、1955年77歳でこの世を去った。彼の生涯勝率は9割3分といわれ、残した遺産は当時のお金で5,000万ドルという、天文学的なものであった。ギャンは農家の生まれであったので、商品先物取引相場、特に農産物に興味を示し、綿花取引から相場の世界に入った。ギャンのルール第13条には、

「買い下がり、売り上がりをしないこと。このようななんぴんは最悪の方法であることを認識する」とある。

ギャンだけでなく、多くの投資家の解説書では、このなんぴんを否定している。

逆に利益が乗ったときの買い上げは推奨する本もある。「損失時のなんぴん」が大きな資金を流出させる方法であるなら、利益が上がったときの「追加投資」は大きな利益を獲得する方法といえるからだ。なお、ギャンはこれにも制限を設けている。

（「ギャン理論と一目均衡理論で読む世界の相場」青柳孝直　総合法令出版）

（「ギャンの相場理論」林康史　日本経済新聞社）

【両建ての禁止】

両建てとは、1,400円で買った金1枚が1,350円に下がり5万円の評価損が出たときに、売り手仕舞いせずに、別に売り建てを行い、損失を確定する行為である。両建ては、業者が手数料を2倍取ること以外の意味はない。プロなら、損切りして新たな戦略に基づいて行動を起こす。負けた取引にはこだわらない。両建てをする人やそれをすすめる人は、おそらく両建て後、どちらかのポジションは必ず儲かるため、儲けたという気持ちを味わうために行う行為であろう。

ラスベガスのカジノで、私は美女やおつきの人を周囲にはべらせたアラブ人が、ルーレットをしているのを見たことがある。何と、アラブ人は全部の数の上に、せっせとチップを置いているではないか。これなら

必ず当たるのである。球が回って枠に転がり込むとアラブ人はワーと叫んで美女たちと手をたたいて喜びを分かち合っていた。そしてディーラーにチップをはずむ。苦笑いをするディーラーを尻目に、アラブ人はまた一生懸命、すべての数字にチップを張る。これはこれで、たいへん楽しそうな遊び方である。私もルーレットでは縦一列の枠に10枚ずつ2山張ることがある。確率は3分の2弱だ。当たると10枚が3倍の30枚になるから合計で20枚の投資に対して10枚の儲けである。当たる確率が高いということは、かなり当たるので、気分もいいし、少し長く遊べる。大きく勝つためには、小さな勝ちを続けて、ツキを呼び込むことも必要だ。だから、両建てをそのような戦略に使うなら、否定はしない。戦略さえあるなら、何でもよい。

【指値の禁止】

多くの優秀なディーラーは指値をしない。「売る」か「買う」であり、「いくらで売れるならば売る」ではない。私は、相場の天井と底を取ることは最初からあきらめている。相場の格言にも「頭（天井）としっぽ（底）はくれてやれ」という言葉がある。よく営業マンに「いつまでにいくらになりますか？」と聞かれるが、そんなことがわかれば、私は絶対に人には教えない。私がうすうす感じるのは、将来価格は上がるだろうという方向性だけであり、「いつまでに」とか「いくらまで」という問いには答えることはできない。だから、私の予言は常に当たるし、また常にはずれる。なぜなら「いつまでに」とはいっていないからだ。

優秀なディーラーは、方向性だけを当てる。上がると思うから買いであり、下がると思うから売りである。なぜ指値をしてはいけないかというと、1,400円で買った金1枚を、1,450円になったら売ろうと思って、指値をして注文した。1,449円まで上がったのに、その後下がってしまった。その場合の1円は取引上意味を持たない。1,450円なら売りだが、1,449円なら売らないという意思はなかったはずだ。それよりも、売ることがで

きずにポジションが残ってしまったリスクのほうが、はるかに大きい。そうした失敗を避けるために、売買は「成り行き」で行う。この場合、売買しようと思い描いた価格と実際に成約する価格とは差が出る。ティックチャート（取引されるごとにほとんど毎秒変化するチャート）を眺めてここは売りだと思ってマウスをクリックしたとき、業者から帰ってきた成立価格が、思っていた価格とかけ離れた価格の場合、とても悔しく思う。しかし、これをディーラーは「スリッページ」と呼び、売買手数料と共に「取引コスト」として捉える。大切なのは、方向感覚である。なぜなら、頼ることができる相場感とは、方向感覚だけだからである。

　なお、損切りやプロフィットテイクの注文予約は指値ですることがある。これは例外である。

【無意味な注文の禁止】

　資金ができたから、何となく金の先物でも買おうなどという無意味な注文は、絶対にだめである。理由がないからだ。道に迷ったとき、どちらに行けばよいかわからないから、目をつむって歩けば、予定通りの目的地に着くと思う人はいるだろうか？　多くの成功した投資家の著作を読むと、共通して強調しているのは、自分の投資ルールを確立して、そのルールに即して売買するべきだということである。

　ファンドマネージャーの場合、自分の投資手法を、何らかのプレゼンテーション資料として作成している。そうでないと投資家は、このファンドマネージャーに資金を預けて大丈夫かどうかの判断がつかないからだ。

　多くの投資信託や商品ファンドの新聞紙上における宣伝文句と同じように、ファンドマネージャーは、過去のトラックレコード（資産運用成績）を使って投資家を誘う。しかし、プロの資金管理者が、プロの資金運用者を選んで投資を任せるためには、彼がどのような手法を使って取引するのかを詳細にチェックする必要がある。

「とにかく、いろいろ売買します。それでこれまで儲けてきました」では今後も儲かるという保証はない。今後も儲かるためには、「過去に一定の取引ルールに則って、売買を繰り返した結果、利益が出た。したがって、その取引ルールの有効性が実証された。だから、将来も全く同じ取引ルールを使って売買する」という確約がなければ、「あるときはギャンの理論、あるときはテクニカル、大部分はディスクレッション（自由裁量）で直感に頼って売買します」というファンドマネージャーに、大きな資金を預けるという責任は負えない。

投資をするには、それなりの理由が必要であり、確信が持てるだけの理論があって初めて資金を投下すべきである。そしてそれが間違いであったと相場が証明したら、即座に撤退して、新たな「ネタ」に基づいて投資を繰り返す。「ネタ」があるのとないのでは大違いである。目をつむって歩くことと、地図を持って歩くことの違いがある。どちらが目的地に早く着くだろうか。

【相場を休まないことの禁止】

強迫観念に迫られて、常に自己の資金をリスクにさらしていないと気がすまない人がいる。あたかも、もうすぐ人生の終末が訪れるかのように、いつもポジションを建てたがる。しかし、これも禁じ手である。

特に、自分の相場見通しが間違って損切りをした後は、ひと呼吸置いて冷静に相場の判断を行うべきである。こうした場合、トレンドが出ていないのに、出ているように錯覚することが多い。また、負けを取り返そうと、自己の資金に比較して、過大な投資を行いがちである。損失はけろりと忘れることが正解であり、スクラッチの立場から、感情を交えずに状況を分析することが大切である。そのためには、相場から一旦離脱することはたいへん有効であり、必要である。盆や正月、連休などはそのためにあるようなものである。外人であればイースターやクリスマス休暇前には、勝っていても負けていても、すべてのポジションを閉じ

て、休暇に出発する。そうした休暇をめったに取らないディーラーは要注意人物である。

　多くのトレーダーの取引手法については「トレーダーズショップ」という書店に行けば、書籍やビデオ・DVDなどを豊富にそろっている。またこの書店を経営する「パンローリング社」は毎月、投資に関するセミナーを行っている。さらにプロを目指したい人はこの書店に行ってみるのがよい。

　　投資に関する書店（トレーダーズショップ）http://tradersshop.com/
　　投資に関する情報提供（パンローリング）http://www.panrolling.com/

4項 商品先物についての情報源

1 ニュース

　ニュースを流すところは、各種新聞や業界紙、商品先物取引では「時事通信」「ロイター通信」「Bloomberg」「日経マネー・アンド・マーケット」などがある。しかし、これらのニュース報道を聞いても、価格がどのように反応するかを予断することは、熟練しないとなかなか難しい。

時事通信社	http://www.jiji.com/
朝日新聞	http://www.asahi.com/
ロイター通信社	http://www.reuters.co.jp/
Bloomberg	http://www.bloomberg.co.jp/jphome.html
日経マネー&マーケット	http://markets.nikkei.co.jp/
経済情報ニュース網	http://www.flyboar.com/neco/

2 価格やチャート

　また、価格やチャートは必携である。商品先物取引業者の情報配信と称している内容には、これらの、過去の価格の市況とチャートを意味しているものが多い。しかし、過去の価格動向は1つの指標となることはあっても、将来の価格を予測するには、参考資料以上のものではない。

3 データ

　世界の需給バランスは、商品ごとに各種機関から発表されている。こ

とに大豆やトウモロコシなどの穀物商品は、米国の農務省（USDA）が毎週・毎月詳細な資料を提供してくれる。しかしこの発表を断片的に見ているだけでは、やはりそのデータが価格に対してどのような意味を持っているのかがわからない。少なくとも時系列的に資料化しないと、変化がわからないため、それらのデータも宝の持ち腐れとなる。できれば自分で、ノートやパソコンで資料を整理すべきだが、専門家でなければそんな暇はないかもしれない。ただ、自己の財産を増やすためには、勉強したり、努力することは不可欠かもしれない。こうした努力は直接お金に結びつくやりがいのあるものである。

4 相場分析

　一番ありがたいのは、相場の分析・予測をして直接配布してくれるものだ。近い将来一任勘定が解禁になれば、そうしたアナリストの需要は増え、よく当たる評論家はもてはやされる時代が来るだろう。私の目指すところはそこにある。

　現在、商品先物取引に関する上記情報を網羅的に流すインターネットサイトは各商品先物取引業者のホームページ等各種あるが、私のおすすめする有料サイトは以下の2つである。

　　ゼネックス　http://money.genex.co.jp/
　　　　（スタンダード　月額6千円・プロフェッショナル　月額2万円）
　　日本先物情報ネットワーク　http://com.nsnnet.jp/
　　　　（トレーダーズスペシャル　3ヶ月1万円・サービスⅡ　6ヶ月1万円・
　　　　iモード情報　1年1万円）　　　　　　　　　（いずれも消費税別）
　　コモディニュース　http://www.commodinews.net/（1ヶ月3,000円）
　私のサイトはまだ工事中であるが、念のために書いておく。現在は無料で投資アドバイスを提供しているが、評判がよければ将来有料（月額3,000円）になることを予めご了解い

ただきたい。

　http://advisor.koyo.ne.jp

　すぐれもののチャートソフトがある。本書で使っているチャートはすべてこのソフトを使っている。

　トレンドナビ　http://homepage3.nifty.com/analyzer/

　なお、これ以外に、巻末に多くのサイトを列記しておいたので、時間のある方はこれらのサイトを訪問されると、資金運用の参考になると思われる。

5項 ファンダメンタル分析

商品価格の動向を予測するには、以下の3つの基本的な方法がある。
① 需給バランス等を考えたファンダメンタル分析
② チャートを解析したテクニカル分析
③ 市場プレーヤーの内部要因分析

ファンダメンタル分析は、「市場で何が起るはずか」に焦点を置く。
テクニカル分析は、「市場で実際に起きていること」に焦点を置く。
内部要因分析は、「市場内の誰それがどうした」というプレーヤーの動向に着目する。

ファンダメンタルアナリストが、特定の市場について深く知っている必要があるのに対し、テクニカルアナリストは同じ手法を使って多くの商品を同じように分析できるという特徴がある。

ファンダメンタル分析において考慮される要因は以下のものである。
- 需要と供給
- 季節要因
- 天候
- 政治・経済動向
- 各国政府・公的機関の政策など

1 インサイダー情報

ファンダメンタル情報にも2種類ある。すなわち「インサイダー情報」と、「公知の事実」である。

相場に勝つために真に有益なものは、誰も知らない正確な「インサイ

ダー情報」を人よりも早く知ることである。証券取引法では、アンフェアだという考え方で「インサイダー取引」は規制されている。商品取引法上には「架空取引」とか「なれあい取引」に対する規制はあるが、「インサイダー取引」という規制はない。商品価格に関するインサイダー情報はほとんどありえないからであろう。あるとすれば、どこかの鉱山が事故やストライキなどで生産に支障をきたすとか、新しい用途が開発されたなどを、世界中に配信されるニュースに載るより早く知るということ等であろう。なかなかそのような機会に恵まれることは少ない。

　ネーザン・ロスチャイルドは、ワーテルローにおけるナポレオンとの大戦に、イギリス軍が勝利したという情報を、連絡使を使って1日早くロンドンで知ることにより、ひと財産作ることができた。しかし、それは当時の通信設備技術の下にできた技であって、現代のインターネットが発達した時代においては、歴史を動かすような重要な事件を、誰よりも早く知ることはほとんど不可能である。すると、商品先物取引会社や、証券会社のセールスマンが、あなたにささやく「耳よりな、特別な情報」などほとんどは価値のないものと考えてよい。価値がないどころかえってあなたの資産を減らす情報であることが多いと思われる。

　東洋経済新報社から発刊される会社四季報は、企業業績の動向を知る有力な刊行物である。しかし、四半期ごとに印刷されて書店に並ぶこの本の情報を元に、株式の売買をすることで、はたしてよいだろうか。同社は多くの記者を抱え、全国の企業を訪問し取材活動を行っている。そうしたニュースは、毎日リアルタイムで大手証券会社の投資顧問や株式運用部、機関投資家に配信され、重要なニュースはまず最初に、彼らが知るところとなる。彼らの株式売買量は大きいので、一般投資家にその情報が回ってくるころには株価はすでに十分そのニュースを織り込んでおり、あなたがその株を買う頃にはそのニュースが陳腐化して価格は逆に動くことが多いだろう。だから、「よいニュースで売り、悪いニュースで買う」というのが投資の格言になっている。

商品先物取引では、なぜかわからないが、大衆投資家は高値で買い、安値で売ることが多い。どうしてこんなに高いところで買わされたのだろうかと疑問に思うことがある。もっとも、私も営業マンも、売買する時点ではその価格が本当に高いか安いかは、断言できないのだが。

　一般的にいえば、勝つのは商社や商品先物取引業者の自己売買等のプロであり、負けるのは大衆なのだ。このことは古くから1つの真理として語り継がれている。しかし今後は、手数料自由化に伴い、業者間の競争が激化すると、顧客の資産を増やしてくれる業者が生き延びるのではないかと思っている。

　野村證券は、その昔「株屋」といわれた時代に野村総合研究所を設立し、企業のファンダメンタル情報を収集した。そしてそうした情報に基づいて株式を顧客に推奨した。山一證券が法人顧客を大切にして戦後の株式売買高首位の座を守っている間に、野村證券は個人顧客を中心に据え、個人顧客と共に歩む姿勢を打ち出した。高度経済成長という強いフォローの風も吹いたが、野村證券は顧客に適切な情報を与えて顧客の資産が増える過程で、個人投資家とともに成長したのであろう。

　商品先物取引業界はいままさに、当時の野村證券の立場にある。どの商品先物取引業者が生き残るかはわからないが、顧客を第一に考えて、顧客資産を増やす技術を持った営業マンが多くいる会社が、その1つの候補となるであろう。私は、「大衆は相場に負ける」という鉄則が、「相場に強い大衆が生まれてくる」時代に変わることを待ち望んでいる。また、商品先物取引はそうしたプロの目を持った投資家・投機家がたくさん参加して初めて、大きな飛躍と発展があるだろう。

② 情報の鮮度とマグニチュード

　情報は鮮度が問題となる。私は職業として相場の分析を行っているが、書いている端から情報の鮮度は落ちてくる。これを印刷だ、配送だなど

とやっていては、情報が配られる頃にはその情報は過去の遺物となっているだろう。したがって私は、書いた情報を営業マンに手渡しで配り歩いている。ネットが発達したからといって、私が情報を書いたすぐ後に、営業マンが私のHPを見てくれるとは限らない。手で配ることが一番早いと思うからだ。

情報を聞いた瞬間に、それが価格に与えるマグニチュード（重み・インパクト）を判断し、売るか買うかを実行しないと、手遅れとなる。まれに生命力の長い情報もある。たとえば戦争とか事故とか需給のゆがみである。これは解決したり、復旧するまでに時間がかかる。

ファンダメンタル情報を活用する場合は、次の点に留意すべきである。

　その1　あなたが知った情報が誰にも知られていない情報だとするなら、千歳一隅のチャンスであるから、その情報にあなたの全財産を投入すべきである。

あなたの知った情報が誰でも手に入るクラスの情報であるならば、おそらくその情報価値は既に相場に織り込まれているだろう。あなたが知った情報が強気の情報であるなら売ったほうがよい。弱気の情報であるなら買うべきだ。だいたい日本経済新聞の商品欄に「何々が高くなる」と書いてあれば売りである。

　その2　あなたが知った情報が、相場に与える影響の度合いや期間を考える必要がある。

たとえば、農産物が今年は不作で供給が足りないという状況は、あなたがそのことを知った後でも変わらない。農産物の需要と供給がアンバランスな状況は、多くの人がその事実を知った後でも、長く相場に影響を及ぼす。

いま仮に、大豆の期末在庫（米国の場合8月末）が極端に少ないという状況があるとしよう。これは11月頃収穫が終わるまで在庫は増えない。その収穫量も例年並みであるなら、需要が急減しない限り翌年秋の収穫時まで少ない状況が続く。こうした場合の相場は暴落する可能性は小さ

い。どこかの価格レベルで下落に歯止めがかかるからである。だから買いに安心感があり、空売りするには怖い相場となる。

　2002年末に南アフリカのプラチナ鉱山で精錬炉に水が入って爆発した。世界第三位のプラチナ鉱山であったため、その後価格は高騰した。その間約3ヶ月、価格は上昇したが、3月に入って下落した。それは、その鉱山会社が、休止していた他の2つの精錬炉を再開させたからだ。このように、情報が及ぼす影響の、マグニチュードや期間は、情報によって異なる。市場はそれを覚えている。そのことに留意する必要がある。

　情報のマグニチュードを測るにはコツがある。プラチナの鉱山の精錬設備が壊れたとき、まず考えねばならないのは、その事故によって減少する生産量はどのくらいかである。その工場の生産量は世界の何％に当たるかを推量する。次にその影響はどのくらいの期間続くかということを推定する。さらに、代替の生産があるかどうか、その生産物が市場に出るまでにどのくらい時間を要するかを判断する。最後に、事故が起った時点での需給がタイトなのか、在庫量は消費量の何ヶ月分か等を知っておく必要がある。事故があってちょうど需給がバランスする程度の市況では、マグニチュードは小さいといえよう。

　次のチャートは実際に起った南アのプラチナ鉱山の精錬事故発生からのニューヨークのプラチナ価格の推移である。ちょうど2ヶ月目をピークとしている。2ヶ月目から代替品が出荷されたわけではないが、その頃に、他の精製設備が稼働することが情報として確認されたのである。

市場は「事実」ではなく、事実が起ることを予測して、ひと足早く変動する。

　事故等のイベントが起ったときには、いち早くそのマグニチュードを判断する必要がある。プロたる商社は、常日頃の取引関係から、その工場の名前を聞いただけで、その生産設備の内容を思い浮かべることができる。だから、瞬時にその事故が大きな影響を持つものか、たいしたことはないのかを判断できる。素人の場合、少し時間がかかるが、インターネットや新聞記事検索等で、その工場の世界生産におけるシェア等周辺情報を調べる必要がある。

3　美人投票

　あなたがある情報を知った場合、その情報が相場に与える「心理的な」影響をも想像する必要がある。

　ケインズは、相場を美人投票になぞらえて、相場を当てるのは、美人投票であなたが一番美人だと思う人に投票することではないといっている。そして、あなたが、周囲の人々が誰を美人かと思うかを推測するのでさえないと否定している。さらにその上を行って、誰を美人かと思うかと思う人が多いか……と裏の裏を読むことであるといっている。

　私が香港に駐在していたとき、テレビでミスユニバース香港代表を選ぶ番組がよく放映されていた。私が見て、この子が一番美人だろうと思う女性は、なぜか、毎年二番になった。何年も見たので、私の好みで判断したというより、多くの人の感性からして、おそらく彼女が最高に美しいと思われる女性を選んだつもりだ。しかし、彼女たちは、香港代表になれなかった。長い間私は、香港の美人の基準と日本人である私の美女の概念が違うのだろうと思っていた。そしてある日、このことを友人の華僑に語ったところ、「何いってんの、近藤さん。香港でミスユニバースに優勝するのは、あの中で一番お金持ちの父親を持っている女性に

決まっているじゃないの」とかわされ、なるほどと納得した。真偽のほどはわからないが、相場をいい当てるに際しても、そこまで裏の情報を、判断材料につけ加える必要があるという教訓だろう。

　情報の程度には影響度のランクがあり、誰もが知りうる「公知の事実」は、情報としての価値が最も低いランクに位置する。さて、あなたが知った情報が、商品先物取引や証券会社のセールスマン、あるいは新聞などから得たものであるなら、ほとんどの場合それらは公知の事実である。もしそうなら、そのことは既に相場に織り込み済みだ。

4　イベントが相場にもたらす影響

　戦争や事故など、突発的なイベントが相場にもたらす影響はさまざまである。
　2003年3月米軍はイラクに侵攻してフセイン政権を倒した。このときの商品相場はどうであっただろうか？　相場に最も影響を与えたのは、戦争が始まるかどうかわからない時期であった。イラク侵攻の場合でいえば、2002年の秋にブッシュ政権がイラクや北朝鮮を悪の枢軸と非難し、国連の裁定を無視してでも単独で攻め入るかどうかが、話題になった頃である。サウジアラビアに次いで世界二位の石油埋蔵量を誇るイラクが、戦時下に置かれるかどうか、イスラム世界が反発して世界中でテロが起きるのではないか、という不安が、原油や金の価格を高騰させた。当時、ブッシュが戦争に踏み切るかどうかの一挙手一投足をめぐって、相場は上下した。そして2002年末にフランス・ドイツ・ロシア・中国などの反対を押し切ってさえも、ブッシュはどうやら本気で侵攻するようだとわかった頃に、価格はピークをつけた。そして3月米軍がイラクに実際に攻め入ったときは、金価格は戦争は早期に決着がつくだろうと予測して暴落した。石油価格は、その後も在庫が少ないという理由で高止まりしている。

市場は大衆の意向が反映される。経済の見えざる意思でもある。希望や憶測では動かない。市場は冷酷である。感情を持たない。だが市場は公平である。最後は需給が市場を支配する。

プラチナ工場の事故の場合、そのイベントが相場に影響をもたらしたのは、工場の事故が起った直後である。それは約2ヶ月続いた。それ以降は、その情報の価格に与える影響はさまざまに変化してしまう。その情報は市場が織り込み済みと読まれると、その情報自体は価格を下げる方向に動くことすらある。

一般個人投資家が新聞紙上で事故の第一報を小さなベタ記事で見たときは相場は上がり基調にあった。しかし、一般紙が、その事故がプラチナの需給に及ぼす影響を解説する頃には、すでに情報は織り込み済みと解され、解説記事を読んでプラチナを買った一般投資家は、それまでにプラチナを仕込んでいた商社などの機関投資家の益出し売り手仕舞いの相手として、その餌食にあった。多くの一般投資家はこのニュースで利益を出すより、その後の下落基調に、損失を抱えたのではないだろうか。その経緯を以下にシミュレーションしてみる。

5 相場のシミュレーション

① 事故発生から第一の天井まで

2002年末に起った世界第三位のプラチナ鉱山の製錬工場で事故が起った。これを実際の東京工業品取引所での白金相場で当てはめてみる。

【事故発生の第一報から相場の上昇局面まで】

まずこの情報を新聞に報道される前に知った人たちがいる。この段階で市場で買った人々を第1陣と呼ぶ。多くの場合この第1陣の人々は商社や投資顧問など情報に一番近い人たちであろう。彼らは新聞に出る前に、人づてにこの情報を聞く。

【第一の天井の形成】

やがて、事故の情報は新聞紙上に報道され、商品先物取引を行うすべてのプレーヤーにこの情報が行き渡る。

この時点で第1陣のプロ集団が売りに出る。第1陣の人たちは、情報の効力によって価格が値上がるのを待って、とりあえず利食いするだろう。多くのプロの投資家は長期に資金を寝かせるだけの余裕と権限はないはずだ。

売った相手は、新聞を見たり、商品先物会社の営業マン等からその情報を聞いた第2陣の人々である。この第1陣の利食い売りと、第2陣の新規買いが「一度目の天井」を形成する。第2陣の人々は、価格が少し上がったと思うや、それ以上価格は上昇せずに下降するのを見て、この情報はそれほど大きなインパクトはないのではないかと、とまどっている。

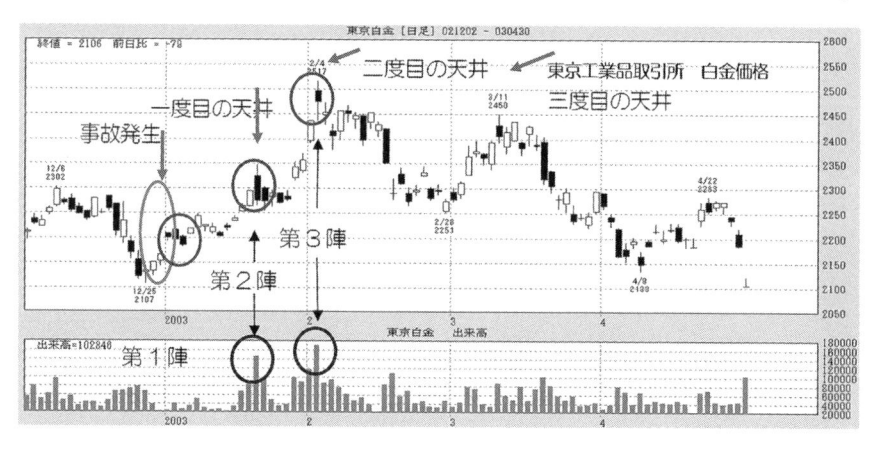

② 第二・第三の天井形成過程

【第二波の買い圧力】

ところで、情報の価値が強力で長続きできるほど生命力があれば、利食い売りによって下がってからでも新しい購入の波がくる。このときはそうであった。プラチナの鉱山からの供給が半年ほど止まることが予想された。一方需要は、宝飾品向けが少し落ち込んではいたが、自動車向

け触媒等が、中国を中心に需要は旺盛であった。そのため、新たにその情報を魅力に感じて買いに来る第3陣の人々が、価格を上昇トレンドに乗せる。

　再び価格が上昇軌道に乗ったことを見て、第1陣で利食い売りしたをプロの投資家たちが、再度買い出動してくる。そうすると売り手が少なく買い手が多い状況が現出される。この中には第2陣で損切りした人々も再挑戦してくる。これらの人すべてが第3陣を形成する。

　中には逆に、第2陣で買ったが下がってしまい損をした人の中には、また下がるだろうと見て売り向かってくる人もいるかもしれない。彼らは空売りであり、新規の売り手となる。

【情報効力の一時終息時】

　やがて1ヶ月経ち、2月に入った。鉱山会社での対策がちらほらと聞こえてくる。鉱山会社は、生産設備の故障をそのまま放っておくわけではない。日夜修理に励んでいる。そして供給がタイトになるという情報の生命力が、次第に衰え始める。

　第3陣で再度上げ相場に乗った人々は、早めにプロフィットテイクを考える。価格の第二の天井は第3陣が買ってからすぐ形成される。後から考えると、この価格が頂点だった。

　第3陣の一部の人の利食い売りが始まると、これに遅れじと、残りの人々が追随売りを始める。今回の下げは参加者が多い分だけ急激である。何しろ売り手のほうが買い手より圧倒的に多いのだから。天井で売り逃げられなかった第2陣や第3陣の投資家は、買値より下がってしまい、塩漬けの態度を選択するか、資金が続かず泣く泣く損切ることになる。空売りしていた人々は、相場が天井に向かう間は冷や汗ものであったが、下がり初めてからは余裕で買い閉じてくる。

【第三の天井形成過程】

　しかし、情報がさらに強化されたり、その銘柄にいまだに魅力が残っている場合は、ある程度下がったところで再び買い気が出てくる。鉱山

会社の炉修は思ったほど簡単ではなく、復旧までに6ヶ月かかるという噂が流れる。一方、需要は好調である。

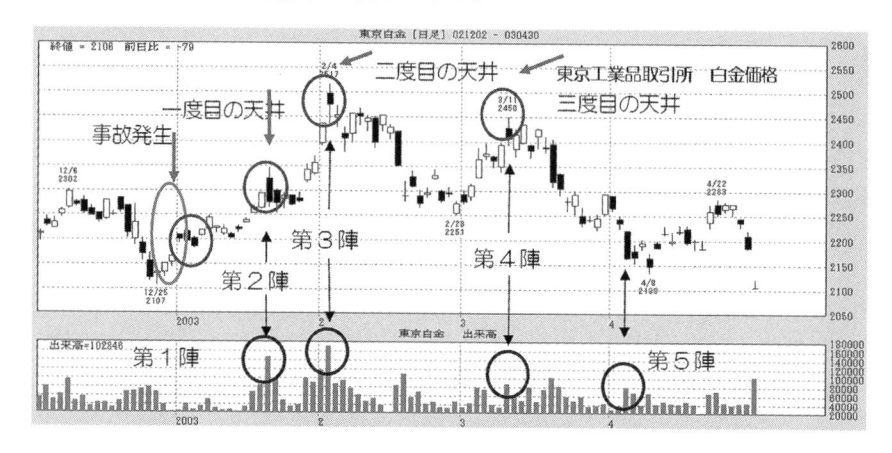

　今までの価格の動きをじっと見つめて、参加しなかった第4陣の人々が出動する。「この情報は本当に強い」と判断したのだ。これまで何もせずに指をくわえて眺めていた人か、第1陣と同時に買ったけれども少し上がったところで利食いをしてしまい、その後の上昇相場を、参加できなかった人々が含まれる。

　自分が売買した価格はよく覚えているもので、以前利食い売りをしたことがあると、そのとき売った売値まで相場が下がると、今度は絶好の買い場と思えて再挑戦する。第2陣で、高値で買って下がってしまい、損を出して売った人も、相場がその売値に再び近づくと、前の損失を取り返そうと、買い出動する。

　価格が下落したこの局面では、新手の第4陣と、何度目かの挑戦の人々が買い、長く持ちすぎて評価損を出した第2陣、第3陣の人々が売りに回る。こうして第4陣が買った後に第5陣の素人集団が買い始める。玄人の第4陣は売り逃げて第5陣の素人は今度こそ逃げ遅れて塩漬けになる。この後価格が回復するまで半年かかっている。第5陣の素人の参加は最初の第一陣のプロの参加から遅れること実に3ヶ月である。

③　以上の取引の結果

　これまでの経緯では、第1陣のプロ集団は1回利食いをして、さらに第3陣に参加し、うまく逃げるか損切りで対処して、再度第4陣で参加して利益を上げているだろう。一方第2陣で買った大衆投資家は、高値で買った後すぐに値下がっている。それを持ちこたえればその後約1ヶ月で回復し第2の天井をつけたところで売り逃げることができたであろう。プロの場合は損切りがあるので、少し下がった時点で手仕舞いしている。

　第2陣から第3陣の間で買ってきた人は、価格が天井を打って下がってきても、利益が出ている期間が相当長かったので、欲を出さなければ儲けただろう。第3陣の、プロの再登場と乗り遅れた人たちの買いは、うまく天井を取れたかどうかによる。かなり高い値位置からの買いでその後2週間で下がってしまい、後は1ヶ月待ってようやく元に戻る程度である。だから買い値が高い場合、プロも再度損切りを余儀なくされたと思われる。満を持していた第4陣は、きれいな上昇曲線を取ったことであろう。

　かわいそうなのは、最後にこれらの動きを、かなり遅い時点で教えられて、参加してきた第5陣の人々である。おそらく儲かった人は一人もいないであろう。毎日祈るような気持ちで「上がれ、上がれ」と声援をかけ、掛け声むなしく下落する価格に落胆したことだろう。彼らが参加したときには、ひと相場終わっていたのだから。

　なお、プロの投資顧問の場合、買いを手仕舞うと同時に売りを建てる、いわゆる途転（どてん）することが多いので、値下がり相場も取っている可能性が高い。

　以上の取引で一番儲けているのは最初に買った第1陣の人々である。

　少々込み入った解説であったが、市場の内部ではこのような人々の思惑がぶつかりあって価格を形成していることを実感していただければありがたい。そして、相場のチャートを見るとき、相場に参加している人たちが、今どのような心理状況にあるかに想いをはせていただければ、

相場がより楽しくなるだろう。

④　このシミュレーションの教訓
　その1　何かのイベントが起きると、相場にはトレンドが発生する。

この例の場合のイベントとは、白金鉱山の精錬炉の爆発であった。それによって生じた一時的な供給不足は、相場に上昇トレンドを発生させた。しかし、上記のように、たとえトレンドといえども、価格は一直線に上昇するものではない。上げ過ぎだと思って空売りする人もいれば、利が乗ったところで一旦手仕舞いする人がいる。したがって相場は山と谷を作る。

　その2　相場の山と谷を的確に読む。

イベントの効果が長続きすれば、相場は値下がり後再度値上がりを始める。こうして小さな谷を何度も作りながらイベントの効果が衰えるまで上がり続けるのである。相場の天井を見つけるのは難しいが、それらの山や谷を的確に読む投資家が勝ちを収める。

> 【言葉の解説】
>
> <押し目買い・戻り売り>　価格が下がったところで買いに入ることを「押し目買い」という。価格は一時的に下がったが、いずれ反発して上昇するという見通しに立ったものである。逆の場合を「戻り売り」という。価格が上がっているので、買いたい気持ちになることが多いが、この上昇は一時的な上げであり、トレンドは下げ基調だと読んで高くなったところを売ることをいう。

　その3　最初に勝つこと。たとえ最初に負けても、負けを引きずらないこと。

相場で勝つためには、相場に入る最初の取引で勝つことが大切である。最初に利益が出れば、後はゆとりを持って取引することができる。利食

いして利益を温存すれば、再度相場に入っても、損切りすることに躊躇は少ない。だから、次の負けの金額も少ない。一方、最初に損、特に大損をすると、その負け分を取り戻そうという気持ちにどうしてもなってしまう。どんなスポーツやゲームでも同じであるが、負けたことは早く忘れることが正解である。負けを引きずると、次のチャンスを逃しかねない。

その4　トレンドがないのに、あると錯覚してはならない。

相場を見る上で「トレンドがあるかないか」の判断は1つの大切なポイントである。トレンドは商品相場全部をあわせても、年に数回しかできない。トレンド以外の大部分の相場はボックス相場に終始している。間違ってはいけないのは、トレンドがないときにトレンドがあるように錯覚することである。

その5　トレンドが出ているときに、逆張りをしてはならない。

商品の場合、相場にトレンドが出るのは何らかの需給の崩れがある。ほとんどの場合需給のくずれはないので、トレンドらしきものは長続きしない。間違ってはいけないのは、需給の崩れによりトレンドが出ているのに、テクニカル分析等により、トレンドに立ち向かうことである。テクニカル分析が有効なのは、需給関係などファンダメンタル要素で何も見当たらないときである。

その6　途転も可である。

ファンドマネージャーは、相場の方向が転換したと思ったなら、ポジションを途転する（買っていた建玉を全部売り手仕舞いすると、同時に、新たに空売りポジションを建てる等）。常に相場の方向性を追っているのだ。

6　需給バランス

需給バランスは商品価格形成の底流を流れる大原則である。テクニカ

ルトレード専門のファンドマネージャーには、需給バランスを全く無視、ときにはファンダメンタル分析を使う評論家を敵視することがある。しかし、私にいわせれば、あまりに奥が深いファンダメンタル分析に手が出ないため、より簡明なテクニカル分析を金科玉条と考えているに過ぎないと思っている。ファンダメンタルも、テクニカルも、手口の分析も、あらゆる分析手法に精通し、相場の時宜に応じてそれらを使い分けることこそ、相場に勝ち残る方法であると私は考えている。なぜなら、たった1つの理論で相場を予測できる方法は、未だ発見されていないからである。

さて、2003年の相場で、明らかにトレンドが出たものが3つある。

① 2003年のゴム相場

その1つはゴムの相場である。2003年第1四半期の中国の自動車生産量は102万台であり、2002年同期50万台の2倍強になった。2003年1年では400万台を超えて、世界第四位の自動車生産国となるのは、4月の時点で確定的であった。天然ゴムの需要の80%はタイヤ用であり、自動車用タイヤは合成ゴムと天然ゴムを約半分ずつ練りあわせて使う。これらの事実から、中国が2003年1年間で使用するであろう天然ゴムの需要量はどれだけかが計算できる。中国は元来世界最大のゴム消費国で、2002年131万トン消費した。中国国内で47万トン生産しており、残りは東南アジアから輸入している。しかし、自動車生産の激増により、2003年だけで30～50万トン近くの需要増になる見通しだった。そしてタイ・マレーシア・インドネシア及び中国の海南島で生産される天然ゴムの生産量は約500万トンである。ゴムはゴムの木の樹液を採取して生産されるため、増産するにはゴムの木を植林しなければならない。生育期間をどう短く見積もっても、5年はかかる。

中国が2003年1年間で自動車生産の好調により増加する天然ゴム消費量は、東南アジアで生産する天然ゴムの年間生産量の約1割に相当する。

1年で1割の増産をすることは、通常の工業品でもかなりたいへんなことである。ましてや自然の生産物である天然ゴムは、すぐに増産することは不可能である。絶対的に供給不足になることは目に見えていた。これを見越して中国では上海の商品先物市場に上場されている天然ゴムの在庫が減り、中国国内価格は高騰した。日本やシンガポールの市場でも価格は上昇トレンドに乗った。利にさとい中国商人や日本の商社が、市場で買い漁ったからだ。以下のチャートのように価格は、ほぼ一直線に上昇トレンドを描いた。

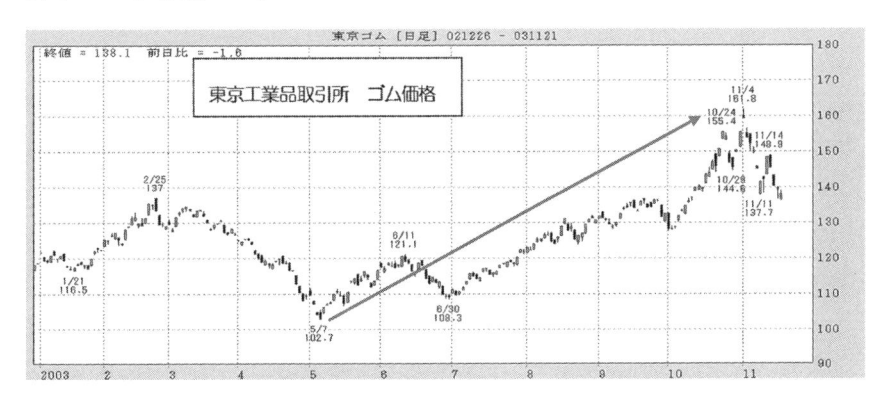

ゴムの倍率は1万倍なので、1円の値上がりは1枚当たり1万円の損益をもたらす。第1四半期の中国の自動車生産量が新聞で報道された5月に115円だった東京工業品取引所のゴムを7万5千円の証拠金を出してたった1枚買うだけで、年末には150円（ピークでは160円）で売れたことになる。利益は1枚当たり35万円弱である。

仮に1枚で35万円の利益を上げることができたなら、1枚で3万円の損失を9回繰り返してもお釣りがくる。この場合1勝9敗、勝率は1割である。1勝9敗でも資産は増えるということを実感してもらいたい。ゴムだけを狙って取引することはなかなか難しいが、ゴムでこれだけ利益が出れば、怖いものなしである。

なお私は、2003年2月3日号の「中長期的に東京ゴムは値上がるか？」

というタイトルの号外で4月〜6月頃に130円から150円になるのではないかと書いており、5月23日付の「爆発する中国の自動車産業とゴム」というタイトルの号外で中国の自動車生産が前年度の2倍になるため、天然ゴムが足りなくなることを予測している。これだけ顕著に需給が崩れると、価格の予測者としては楽である。

　ゴム相場は、2004年もこの状況に変わりはない。ただ注意しなければならないのは、中国経済がバブリーであり、2004年半ば以降にインフレとなり、一時的なリセッションとなる可能性がたぶんにあると思われる。自動車の売行きも、どこかでピークを迎え、作り過ぎの状況が現れると思う。その理由は、

  a 中国国内では個人ローンが未発達なため、掛売り自動車代金取りっぱぐれの不良債権が多発しつつある。
  b トラック需要の増大を見て、これまで自動車を作ったこともない機械メーカーが生産に乗り出そうとしている。粗製濫造で需要が一時的に停滞する可能性がある。
  c 競争の激化により、販売価格が下がり、自動車メーカーの収益が圧迫される。
  d 販売以上の生産が行われて在庫が増加して自動車メーカー各社の資金繰りに支障を来たす。

こうして、中国国内で一時的に自動車生産が減産されたときに、ようやく増産体制を整えたゴム生産者が、過剰在庫を抱えれば、天然ゴム価格は下落する可能性がある。

　ファンダメンタルに絶対はないので、慎重に状況を見極めていく必要がある。

② 2003年の大豆相場

　2003年に、もう1つのトレンドが出た商品は大豆である。これは2003年10月以降年末にかけてのトレンドであった。後述するように、大豆は

米国で春に植えて秋に刈り取る。したがって主に天候要因がファンダメンタルの基本となるが、2003年の場合は需給要因が大豆価格を暴騰させた。米国農務省（USDA）が発表する毎月の需給報告において、大豆の在庫率が5%となったことが主な原因である。商品の在庫量は需要の1.5〜2ヶ月分程度が適正といわれる。在庫率でいえば15%前後である。5%といえば1ヶ月分を切る在庫量であり、97年以来の低在庫水準にある。

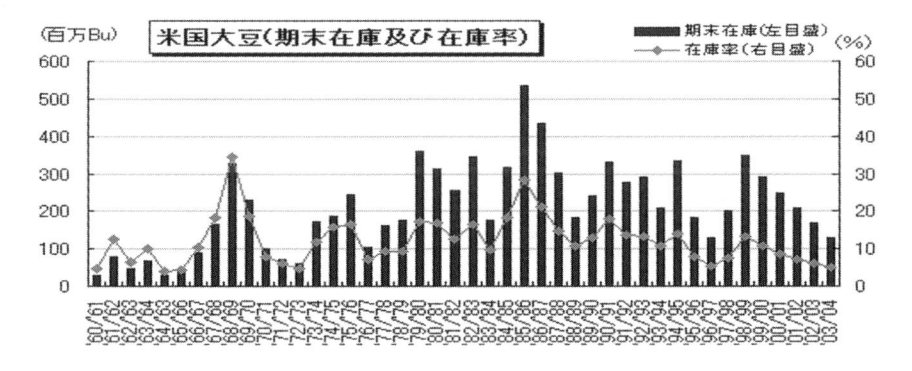

米国大豆（期末在庫及び在庫率）

③ 2003年のトウモロコシ相場

3つ目の商品はトウモロコシだ。これは中国北部で夏に長雨があり、トウモロコシの生産が減産となったためだ。韓国などは中国から輸入しており、韓国向けには出荷されていたため、騒ぎは一部の事情を知る人のみの情報であった。しかし韓国向けに出荷されていたのは、2002年に獲れたトウモロコシであり、2003年の不作は2004年の輸出減になることがだんだんわかってきた。中国は複雑な国であり、大豆もトウモロコシもゴムも自国内で生産している。穀物の場合、東北地方を中心に北部で生産し、広東などの南部では米国から輸入している。北部で生産した穀物を南部に輸送するよりも、米国や南米から輸入したほうが安上がりだからだ。したがって、シカゴのトウモロコシ価格は中国の需要に左右される。

中国料理には、もともと牛肉は少なかった。水牛の肉は硬くて食用に

適さない。家畜はもっぱら豚・鶏・羊であった。ところが中国でもハンバーガーショップなど外食産業が発達して、ステーキ等牛肉需要が増えた。トウモロコシの主な用途は家畜の飼料である。だから、中国のトウモロコシ需要が増えた。

　中国国内では北部での生産減と、食生活の変化により、トウモロコシや大豆価格が高騰した。その影響を受けて、少々高いトウモロコシも中国人の輸入採算にあうこととなり、輸入量が増えた。こうした中国の輸入動向は、シカゴ相場に大きな影響を与えている。中国需要を期待して10月以降年末にかけてトウモロコシ価格は高騰した。

④　プラチナ価格
　プラチナの価格が中長期的に上昇するということは、比較的簡単な見通しである。プラチナの主な用途は自動車触媒と宝飾品である。宝飾品の需要は、景気がよくなった後でないと回復しないため、当分期待薄であるが、それでも日本のエンゲージリングという手堅い固定需要がある。中国でも最近エンゲージリングは、金よりも価格が高いプラチナを使い始めた。

　しかし、それらのことよりももっと重要なのは、自動車触媒である。宝飾品同様プラチナの需要の約4割を占める。自動車はエンジン内でガソリンを燃焼するため、炭水化合物のガソリンはCOやHC，NOxという有害ガスを生成する。これを取り除くには排気ガスを酸化還元反応させるしかないが、プラチナ族金属であるプラチナ、パラジウム、ロジウム、イリジウム等の原子周期律表第Ⅷ属の金属は、なぜかわからないが、みずからは何の変化もしないかわりに、その側を通る気体の酸化還元反応を活発化させる性質がある。だから、化学工場の、曲がりくねったパイプの中には、たいがいプラチナの触媒が入っている。自動車については、エンジンのそばやマフラーの中に、プラチナ族金属を含浸させた蜂の巣状のセラミック触媒が装置されている。

2003年のメルクマールはディーゼルエンジンに対しても、排気ガス規制が強化されたことだ。特にヨーロッパではディーゼル車のほうがガソリン車より多い。ところがディーゼル車用の触媒には、プラチナがどうしても欠かせない。そのため、プラチナ需要が増えた。今後も自動車を作るにはプラチナは絶対欠くことのできない必需品となっている。自動車メーカー各社は長年にわたりプラチナを代替する、もっと安価な触媒や、燃料と空気の混合空燃比の、コンピューター制御などの技術を研究開発してきたが、現在までのところ、どうしてもプラチナ族金属を使った触媒以上に効果のある排気ガス制御装置は見つかっていない。

　さて、米国カリフォルニア州では、ゼロエミッションの車の販売率を、毎年引き上げる規制をしている。つまり、ガソリンを燃やしては、地球の温暖化などに影響があるため、電気自動車にしなさいという行政命令に等しい。自動車メーカー各社は、ここ数年電気自動車の開発にやっきとなってきた。バッテリーの開発や水素自動車等も考えられたが、現在のところハイブリッド車に続いて、燃料電池車が本命となりつつある。燃料電池とは、水の電気分解を逆にすれば電気が起きるだろうということを英国の学者が100年ほど前に提唱したことに端を発している。つまり水素と酸素を反応させれば、水ができるがそのときに電気も生じるはずだという学説である。

　燃料電池は、すでに東京電力を始め多くの発電プラントで実用化され、いまや、いかに安くコンパクトに作るかという開発段階に入ってきた。自動車についても、カナダのバラード車が燃料電池バスを開発してから、トヨタが乗用車をベースに開発したり、ホンダやGMなど多くの会社が物理的には開発を成功させている。ロンドンではベンツ製の燃料電池バスが路線バスとして採用された。後は量産化、経済コストの低減の問題が残されているのみである。

　仮に鉛電池以外で高性能なバッテリーの開発がなされていたなら、プラチナはガソリンエンジンと共に命脈尽きていたかもしれない。しかし、

燃料電池であれば、プラチナ価格は上昇軌道に乗るはずである。

なぜなら、燃料電池は、ガソリンやメタンガスから水素を取り出すための改質装置と、水素と酸素を反応させ水を作る装置とからなるが、改質装置にはプラチナ族金属の触媒にプラチナが使用され、さらに反応装置自体の＋と－の電極に、プラチナが使われそうだからだ。場合によれば、現在の自動車触媒に使われるプラチナの10倍近い量が必要になるかもしれない。

一方プラチナの生産は、南アの鉱山の地下1,000メートルで毎日もくもくと採掘されている。しかし、何より驚くのは、プラチナ鉱脈は1,000メートルの地底に横たわる厚さ2センチ程度の薄い鉱脈であるということだ。チリの銅鉱山のように深さ4km、幅数十kmの露天掘りで、土そのものが鉱石である鉱山をイメージすると大違いである。正に貴（希少）金属鉱脈である。南ア最大のアンプラッツ社は増産を目指しているが、その予定が遅れ気味となっている。その報道がなされただけで、プラチナ価格は23年ぶりの高値をつけている。今後の基調も上昇傾向にあるだろう。プラチナは、半導体などIT関係でも使われており、今後よほどのことがない限り、大幅に値下がることはないだろう。

ファンダメンタル分析では中長期的なトレンドを予測することができる。ただし、価格の短期的な波動を完全に見通せるかというと、そうではない。たとえば日計り取引には、ファンダメンタル分析はほとんど効果がない。そんなに短期間で価格の変動要因がたくさん現れるわけではないからだ。たとえば、プラチナ地金の需要が旺盛で需給は強いという状況はここ当分変わらないだろうが、明日のプラチナ価格が今日に比べて高くなるかというとそうでもない。上がったり下がったりしながら徐々に底値を切り上げていくのである。短期的には暴落することもある。

トレンドは年に数回しか出ない。ファンダメンタル分析はそのトレンドを予測する。仮にトレンドに乗り遅れても、チャートを見ていてトレンドが出たことを確認したり、ファンダメンタル分析で需給のゆがみや

崩れを見ることができれば、途中からトレンドに乗ればよい。トレンドの最初から入ることはよほどの情報がなければ無理である。また、トレンドの転換点を見出すのもたいへん困難な作業である。

これらはテクニカル分析に任せたほうがよい。

このようにファンダメンタル分析により、中長期的なトレンドを読むことができる。この需給動向を知っていないとテクニカル分析や直感で間違った判断を下すことがある。特に需給がタイトなときに空売りすると、大やけどを負う。

ところで、株価も需給バランスで変わる。しかし、ソニーの株式の需要と供給を述べた資料はどこを探せばあるのだろうか？

[コラム] パラジウム事件

2000年2月23日に東京工業品取引所が、パラジウム市場の建玉の強制手仕舞いを執行したというパラジウム事件が起こった。

この原因は、私は一部の商社がディーリングを行い、東工取で買ってスイスで売ったことが主なものと考える。スイス市場というのは、現物市場である。当時パラジウムの現物が払底し、現物があればスイスで飛ぶように売れた。一部の商社は、スイス市場で空売りして、東京工業品取引所でカバーを取った。

東工取は鉱山会社ではないから、現物の供給を望むべくもない。しかし商社のディーリングの感覚では、東工取の価格はスイスに比べて安く、利益が出るとなれば逡巡することなくアービトラージを行う。ところが、スイスからは現物の引渡しを要求される。どこかから現物を引出してスイスに輸送して受け渡さなければならない。空売りした商社は、在庫を持っている他の商社などから、パラジウムのリースを受けて対処した。私は、ある商社に年率100％以上でパラジウムをリースしたことがある。

一方、東工取では価格が高いので、多くの素人の投資家がこのパラジウム価格はあまりに高すぎるので、いずれ下がるだろうと思った。感覚的に高すぎると判断した人たちは、東工取で空売りをした。証券の信用取引と違って、商品の先物市場は現物の裏付けがなくても、反対取引で差金決済することができるから、いくらでも空売りできる。

　しかし、現物の需給が極めてタイトになっている状況では、価格は非情なくらいにどこまでも上がり続ける。納会日に、商社は現物を引き取る。空売りした一般投資家は現物があるわけではないので、買い戻す。ところが、買い戻したい人間100人に対して売る人間は2人しかいないという極端な状況が起る。そうなると、価格はどこまででも上昇する。

　結局空売りをした人達が手仕舞うにはあまりにも高くなりすぎてしまい、破産状態になってしまった。そのため、取引所は強制解け合いを行わないと収拾がつかなくなった。多くの不満を残しながら東工取は苦渋の決断を下した。

　この教訓としては、本当に現物が足りないときは、絶対に空売りしてはいけないということだ。

　当時、パラジウムは、自動車の排気ガスの中にあるCO、NOx、HC3つの有毒ガスのうちHC（炭化水素）を除去するのに強い触媒として、また、高温領域に強い触媒として注目を浴び、自動車会社各社が従来の5倍以上使うことになると予測していた。更に携帯電話の爆発的な売れ行きにより、携帯電話の中に数十個入っているコンデンサー用のパラジウム需要が急増していた。

　もっといえば、パラジウムの過半を供給するロシアは、実は実際に生産している量は少なく、生産現場では給料遅配や設備の老朽化などの問題を抱えていた。そして、共産主義時代に戦略物資として備蓄してあった在庫を取り崩して、輸出しているのが実情だった。プロのディーラーの間では、世界の供給の6割を占めるロシアのパラジウムは、いずれ先細るだろうというのが常識だった。だが、これらの事実は、限られた商社の数少ない人間しか知らな

かった。現物を扱う商社は、需給が極めてタイトになることを見越して、在庫を少しでも積み増そうとして、世界中で、できる限り多くのパラジウムの現物を購入していた。

　こうした背景を、東工取の一般投資家は知る由もなかった。そして一般投資家は空売りした。その結果、棒上げに上げた相場に対処できない人が大勢出た。強制解け合いが行われた裏にはこうした背景がある。この事件で大損したと商社を恨んでいる一般投資家がいる。また、東工取が勝手に2月23日以降の取引を停止したのは違法行為だとして、取引所を相手取って裁判を起こした一般投資家もいる。しかし、商社も被害者である。東工取での取引が解け合いとなっても、スイスとの契約は守る必要があったからである。契約を一方的にキャンセルされたら、誰でも困ってしまう。

　こうした情報量のギャップはしばしば商社優位の相場を作り上げる。

6項 テクニカル分析

　一般の投資家はチャートを見て売買を行うことは少ないのではないだろうか。もしあなたが、チャートを見ずに投資されているなら、ナビゲーターや地図を持たずに、初めて行くゴルフ場を探すようなものだ。チャートは必携である。チャートを見るだけでこれまでの投資効率はかなり改善されるだろう。チャートは、過去の価格のすべての情報を含んでいる。今の水準が高いのか、安いのかがよくわかる。あなたが得た情報の価値が織り込み済みなのか、これからなのかが、判断できる。またチャートを深く研究すれば、過去どのような情報に価格が反応したかがわかるようになる。

　何よりも、チャートを見て投資すると、一層楽しくなる。

　私は、日なが一日ティックチャートを眺めている。ティックチャートとは、取引1単位ごとのチャートでほぼ毎秒変化する。それを毎日眺めていれば、情報と価格の関係がわかるようになる。逆に、ファンダメンタル情報だけでどうやって価格を予測するのか不思議に思うくらいだ。

　テクニカル分析というと、何か相場を専門に扱うプロの世界のような気がするかもしれない。テクニカル分析には、さまざまな専門用語が現れる。そしてあたかも、テクニカル分析は科学的根拠に基づいて行われているかのように思われがちだ。

　テクニカル分析をしっかり理解したい方は、テクニカル分析解説書を一読されたい。そしてチャートの意味するところを1つか2つ覚えてほしい。しかし、それらのチャートの作り方や理論を、覚える必要はまったくない。

1　テクニカル分析の創始者

　日本の本間宗久はロウソク足を考案した。いまや世界中のアナリストがキャンドルチャートを愛用している。1700年代の発明である。ニューヨーク証券取引所の会員で、ダウジョーンズ・ニュース・サービスとウォールストリートジャーナルを創立したチャールズ・ダウもチャート分析の草分けとされている。1800年代の終わりの頃のことだ。こうしてみるとチャート分析も100年以上の歴史がある。

2　テクニカル分析の基本的な法則

テクニカル分析は、以下の3つの基本原則に基づいている。
　☆ **市場の動きはあらゆることを織り込む**
　　　市場価格は市場に影響を与える既知のものすべてを反映している。テクニカルアナリストは、価格の変動だけに注目し、変動の理由については関心を払わない。
　☆ **パターンの存在**
　　　テクニカルアナリストは、長期にわたって重要性が確認されてきた市場動向のパターンを見分ける。多くのパターンがわかっていれば、そのパターンによって予想通りの結果がもたらされる可能性が高い。何度も繰り返すことが確認されているパターンもある。
　☆ **歴史は繰り返す**
　　　チャートのパターンは100年以上にわたって観察され、類型化されてきた。そして多くのパターンに見られる変化は何度となく繰り返され、時代が変わっても人間の心理はほとんど変化しないという結論に到る。

3 チャートの自己強化的特性

　チャート分析がなぜ当たるかということに、科学的根拠はない。あるのは過去はこうなったという歴史と経験則である。そうした中で、1つだけ科学的ではないかと思われる論証がある。それは、「相場の心理学」という本に書いてあったことだが、移動平均線とか、相対力指数（RSI）など、ディーラー間で有名な、誰もが使っているチャート分析がある。たとえば移動平均線でゴールデンクロス（短期移動平均線が長期移動平均線を下から上に交差する点のことをいう）が出た場合は買いであるということを、多くの人が知っている。だから、ゴールデンクロスが出たら、多くの人は買う、多くの人が買えば価格は上がる。価格が上がれば、ゴールデンクロスのサインは、正しかったということになる。つまり、テクニカル分析の自己強化的特徴は、科学的あるいは心理学的に正しいといえるだろう。

　「相場の心理学」ラース・トゥベーデ／赤羽隆夫訳　ダイヤモンド社

　このことによる教訓は、移動平均線の日数等、有名な指標のパラメーターは独自に変えたら意味がないということを示唆する。私は過去10年間の価格から、移動平均線の短期日数と長期日数を1日ずつ変化させて、どの商品は、何日と何日の日数の組み合わせが、一番利益が出たかをシミュレートしたことがある。当時はコンピューターの容量が小さかったので、オフィスの40台ほどのコンピューターに、金曜日の夜、皆が帰宅した後ソフトをセットアップして、月曜日の朝プリンターに排出された用紙を回収して回った。そこには、ボラティリティーと組み合わせた三次元の表が分厚く重なってプリントアウトされていた。

　この作業で、過去10年間に、ある商品は何日（短期）と何日（長期）の移動平均の組み合わせ、及び何％のボラティリティーチェックの場合、一番収益が上がったという結果を得ることができた。そして、その日数をコンピューターに設定して、自動売買プログラムを組んだ。結果は最

初の1年目は赤字、2年目は黒字であった。しかし、今から思えば、それは全く意味のないことであった。

最近ではこの手のソフトの開発が進み、私の手元にあるソフトなら瞬時にして、日数の組み合わせによるシミュレーションの成果を得ることができる。しかし、「相場の心理学」に書いてあるように、パラメーター（この場合「日数」）をいじっても、真の解を求めることは科学的に根拠のない研究である。過去はそうだったが、将来に対する保証は全くない。それよりも、現在世の中で最も一般的で、よく使われる日数を用いてチャートを作成することのほうが、当たる確率は高くなるのである。

4 トレンドライン（支持線と抵抗線）

同様なことが、「トレンドライン」にもいえる。下のチャートは東京工業品取引所の金価格である。このチャートを見た人は誰でも、「トレンドライン」を引きたくなるのではないだろうか。そして、多くの人によって引かれたライン（下図中の2本の線）は、誰が引いてもほぼ同じにならないだろうか。

「トレンドライン」を引くには原則がある。過去の高値の頂点を2点以上通らねばならない。安値も同じである。高値の頂点を結んだ「トレン

ドライン」を「上値抵抗線」と呼び、安値の頂点を結んだ「トレンドライン」を「下値支持線」と呼んでいる。幾何学上、これらのラインはひと通りに限られてくる。

　前ページの図ではトレンドラインAが上値抵抗線で、トレンドラインBが下値支持線となる。そしてチャートの見方は、2本のトレンドラインに挟まれた内側で価格が動いている限り上値抵抗線と下値支持線が、価格の上限値と下限値になるとみなされ、価格がこれらの値に近づくと反転すると思われている。しかし、一旦、上でも下でもトレンドラインを越えたら、その後価格は越えた方向に動いて行くと思われている。図中○印をつけたところである。

　金価格は上値抵抗線を破った。そしてその後上昇している。このとき、多くのディーラーが、自ら引いた「トレンドライン」を上抜いたことを見て取っている。気の早い人は上値抵抗線を抜けそうなところで買いを仕掛けている。抵抗線を抜けたら抜けた方向に価格は進むという理論が当たるのは、多くの人がそれを見て買いに走るからである。下図の白金価格も同じことがいえる。

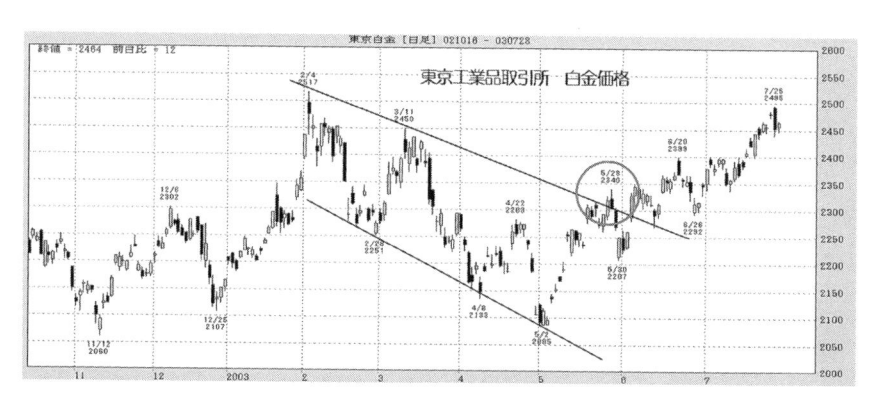

　右上図の○印は、アラビカコーヒー価格がチャネルを下抜けたところ。その後価格は下降している。このような単純な予測でもけっこう当たるものである。

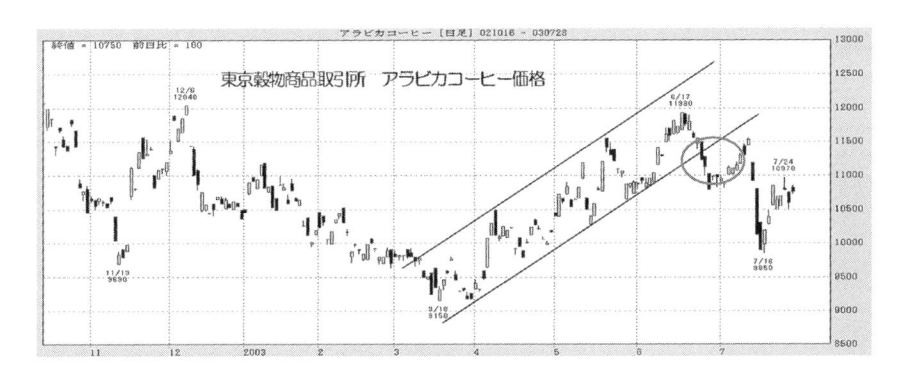

東京穀物商品取引所　アラビカコーヒー価格

　テクニカル分析は、シンプルなほうが当たりやすいと考えられている。それは前述の心理学的根拠による。トレンドラインも、チャートを見た万人が同じ線を引くために、そのゾーンをブレークすると人々が一斉に動き出すから当たる。同様に支持線も、抵抗線も、あなたがどう思うかではなく、マーケットのプレーヤーがどのように支持線・抵抗線を引くかが問題となる。

　日計りのような短期売買では、支持線や抵抗線は有効なテクニカル指標の1つとなる。逆にいえば、あまり多くのよりどころがない日計り取引は、こうしたトレンドラインや支持線、抵抗線のような単純なものを多くのプレイヤーが見るため、けっこう当たることになるといえる。多くの人が思うところにつくことが簡単だからである。

　なお、価格の支持線（サポートライン）は、ある一定の価格レベルのことをいうこともある。つまり、過去数ヶ月あるいは数年でそれ以上には下がったことがないというような価格帯は、市場がそれを覚えていると考えるものである。

　次のページのチャートは過去20年間のニューヨーク原油価格であるが、何となく、10ドル辺り、16ドル辺り、24ドル辺りに下値支持線があるように思われる。市場が支持線を確認すると、その価格を下限として折り返すことが多いという経験則がある。同様に上値抵抗線も引くことができる。さらに、これらの価格帯をさまざまな手法で解析するテクニ

カル分析者がいる。

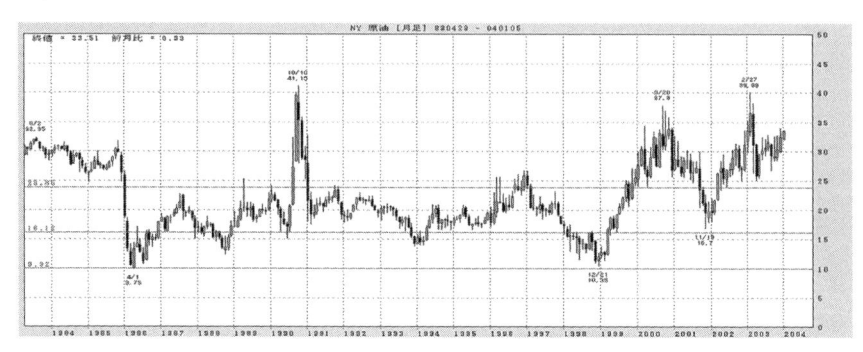

ニューヨーク原油価格（1983年〜2004年）

5　3つの分類

　テクニカル分析の手法は、数多くあるが、大きくわけると次の3つの分類となる。
　　トレンド系　　　価格変動の方向を分析する指標
　　オシレーター系　価格変動の変化・転換を分析する指標
　　非時系列　　　　非時系列は、時間を分析の要素にしない指標
　ファンドマネージャーの中には、ファンダメンタル情報は全く見ないで、高いパフォーマンスを上げる人々がいる。彼らの多くは自ら考案したテクニカル分析手法を持っているが、ほとんどはトレード手法の詳細を公開していない。
　私の場合、優れたチャート分析ソフトを持っているので、さまざまなテクニカル分析手法で相場を解析することができる。しかし、前記の心理学的根拠を信奉しているため、トレンドラインとか移動平均やRSIなど、ごく一般的なものしか実際には使わない。他社のサイトで、一目均衡理論の雲がどうのこうのという解説はありがたく拝聴する。生涯をかけて研究してきた先人達の貴重な経験則であるからだ。一般投資家のみなさんは、そうした理論を自分なりにものにしてもよいが、必ず当たる

という理論は今のところないので、私のように、インターネット上で入手できるごく簡単なものを2つ3つ知っておくだけで十分ではないかと思う。商品先物取引各社のオンライントレードには、かなり優れたテクニカル分析ソフトを備えた会社もある。

どのテクニカル分析手法が一番当たるとはいえないが、この場合は、これを使ったほうが有効だという分類はある。たとえば、

- ★ トレンドが出ているときに使う「移動平均線」「パラボリック」
- ★ トレンドの転換点を示す「CCI（コモディティ・チャネル・インデックス）」「包み足」「宵の明星」「明けの明星」「たくり線」「首吊り線」「塔婆」「かぶせ線」
- ★ 買われ過ぎや売られ過ぎを示す「RSI」「ストキャスティック」「ボリンジャーバンド」「%R」「ROC（レートオブチェンジ）」
- ★ トレンド系とオシレーター系（逆張り系）の両方の特性を持つ「MACD」「エンベロープ」「プライスチャネル」
- ★ トレンドの方向性や勢いを測る「DDI（方向性指数）」「ADX」
- ★ その他に「一目均衡表」など

6　テクニカル分析の使用法

このように、先人が開発したたくさんの手法がある。問題はこれらの手法をいかに時宜に応じて使うかである。トレンドが出ているときに有効な手法を、ボックス圏に入った相場のときに使うと全く逆の結果が出ることがある。また、これらの分析手法には、必ずダマシが入っている。当たるときもあれば、当たらないときもある。

これらのテクニカル分析手法は、自分の直感を裏づけるもの、あるいは自分の直感を引き出すものなのかもしれない。ごく一般的な、「移動平均」と「RSI」だけで十分だと思う。それを使ってチャートを見ることにより、自分が立っている位置がよくわかるようになるはずだ。また、

目指す目標価格は現実的なものになる。資産を一気に倍にしてやるなぞと意気込んで、10年前に一度あっただけの価格を夢見るようなことはなくなる。自分の建てた戦略が間違っていれば、すぐに方向転換できる。海図（チャート）を眺めて、トレンドラインを引きながら自分がどこに向かって行くのかを決めるのだ。

7 代表的なテクニカル分析

① 移動平均線（順張り系のテクニカル分析手法）

下のチャートは、たまたま開いた金価格の推移である。これを移動平均を使って分析してみると以下のチャートとなる。よく見ると、けっこう当たっていることがわかる。

チャートの左側の出だしが下側にあるものが短期移動平均であり、この場合、前9日間の平均価格である。

同じように、上側にあるものを長期移動平均線といい、この場合前45日間の平均価格である。短期が長期を下から上にクロスした点（イ）（ハ）（ホ）をゴールデンクロスと呼び、価格が上がるというサインである。確かに（イ）（ハ）（ホ）の後は、価格が上昇している。

また短期が長期を上から下にクロスした点をデッドクロスと呼び、価

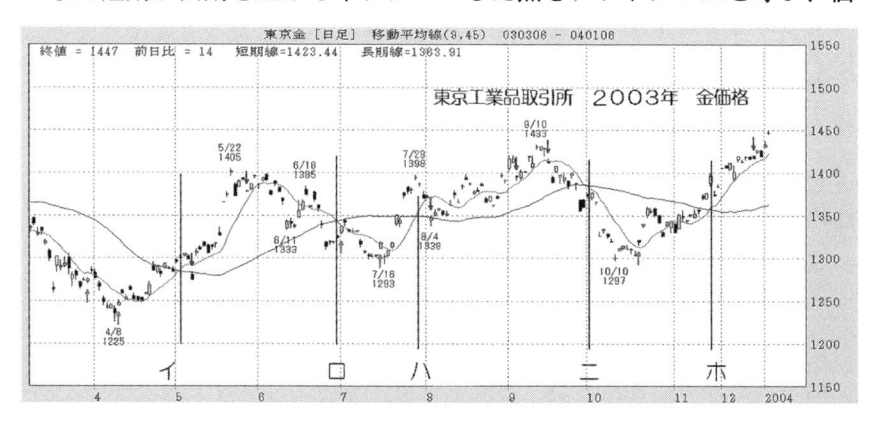

格が下がるというサインである。確かに（ロ）（ニ）の後は、価格が下がっている。

移動平均線は株価等のチャートにも必ず書いてあるものなので、これだけでテクニカル分析として使ってもよい。移動平均は価格が短期移動平均線の上側になくてはならないとか、ルールがあるが、そこまで確認して見ている人は少ないと思うので、私の意見では余分なことは覚えないほうがよいと思う。

移動平均の欠点は、サインが出てから売買するとかなり大きなスリッページを余儀なくされる点である。これを改良しようとしてさまざまな工夫がこらされているが、これも、だから当たるというわけではないので、忘れたほうがよい。

② **RSIまたはストキャスティック（逆張り系のテクニカル手法）**

下のチャートは東京工業品取引所のアルミニウム価格である。相対力指数（RSI）は70％を超えると買われ過ぎというサインで売り指示となる。また、30％を下回ると売られ過ぎで買いサインとなる。下のチャートでは、2003年2月に70％になっているが、ここで指示通り売っていれば、その後2ヶ月で14.3円下がっており、1枚で6万円の証拠金は14万3千円の利益を生んでいた。RSIは70％を超えたり30％を下回ることはそれほどあることではない。だからRSIが70％を上回ったらよほどのことだと思っ

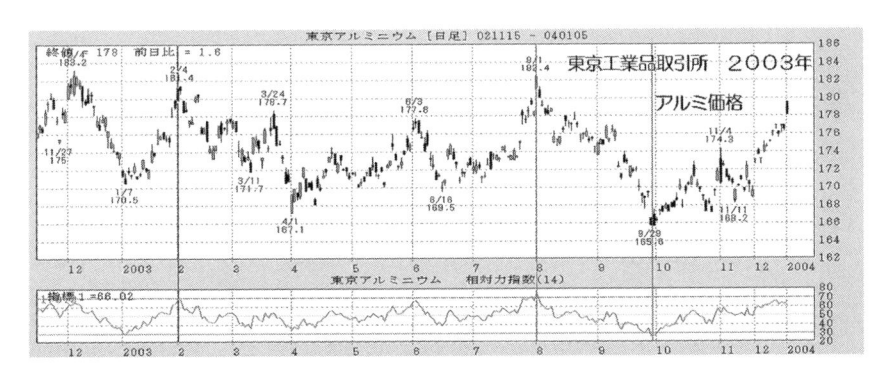

てもよい。8月も同様に￥182.4から9月末の￥165.6まで16.8円、つまり16万8千円の利益となっている。

　RSIよりサインが多く出るのがストキャスティックである。ストキャスティックはSlowKとSlowDという2本の線を引き（下のチャートの場合は3日の移動平均）その交点をサインとみなす。なぜそうなのかとか、どうやって作るのかということは覚える必要はない。ご興味がある方は市販のテクニカル分析書をお読みいただきたい。

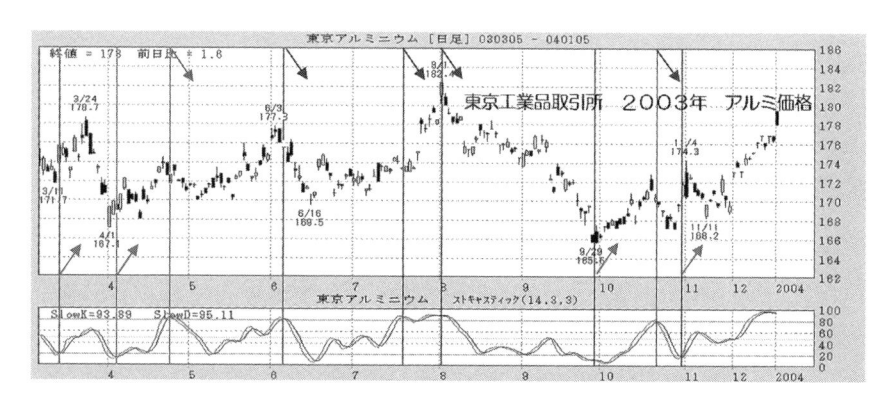

　この場合もかなりの確率でストキャスティックのサインは当たっている（9回中8回）。ただし、その方向はあっていてもその反転の深さや期間まで当てるものではない。重要なのは、サインが出たときにサインの逆の売買をしてはいけないということだ。

8　価格の性質

　a　価格は上がれば下がり、下がれば上がる。永久に上がり（下がり）続けることはない。

　b　トレンドが出た場合には、比較的長期間にわたって一定の方向に動き続ける。細かい波動は繰り返すが、上昇トレンドが出た場合は「トレンドライン」の支持線を下回ることなく上向きの方向に

動いていく。
c　トレンドが出るのは需給が極端に崩れたときであり、その後、需給が改善してバランスないしは反転するまでトレンドは続く。
d　過剰生産の場合、生産コストを割れても価格は長く下がり続けることがある。したがって生産コストは必ずしも底値を意味しない。生産者が耐えかねて市場から撤退して初めて需給がバランスし、価格は上向く。
e　価格のありようは3通りである。上昇トレンドか下降トレンド、またはボックス相場。大部分の時間はボックス相場で終始する。
f　価格は上昇するときには比較的長い期間がかかり、下落するときは比較的早く暴落することが多い。
g　中長期の波動でゆっくり動く貴金属や農産物のような価格と、1日当たりのボラティリティー（価格変動幅）の大きい石油製品のような価格がある。それぞれに時間の感覚を変えて対応する必要がある。
h　価格は過去のパターンを覚えている。
i　価格は非情である。

7項 市場の内部要因分析

1 市場参加者

　アメリカには「場立ち」から資産を作った人々がいる。「場立ち」とはCBT（シカゴ商品取引所）等のピットの中で手を振って取引を成立させる人々である。彼らは市場の雰囲気を肌で感じ取る。市場の参加者の誰それが、何枚買い持ちをしていて、今その買い持ちの評価損益はいくらあるという情報が頭の中にインプットされている。

　商社のディーラーや商品先物取引業者の自己売買のディーラーは、朝から晩まで市場の中にいる。この場合の市場とはコンピューターの画面や電話でのやりとりである。私もティックチャートを眺めているときは市場の中にいる。

　日本の商品先物取引の場合、連続取引の「ザラバ方式」と、単一約定価格の「板寄せ方式」がある。東京工業品取引所に上場されている商品は、ゴムを除いてザラバであり、東京穀物商品取引所に上場されている商品は、オプション以外は板寄せ方式である。

　ザラバとは市場が開いている時間帯はいつでも成約ができるもので、もっぱらコンピュータートレードとなる。

　板寄せとは、前場と後場のそれぞれ数分間の間に売り手と買い手が注文を出しあい、売り買いの数量がぴったりあった価格でその場節のすべての取引が成立する仕組みで、1日数回の取引しかない。それぞれに特長がある。ザラバ取引はデイトレード向きであり、実際に多くのデイトレーダーが参加しているため、オーバーナイトでゆっくり取引する向きには、危険を覚悟して取り組んだほうがよい。一方板寄せは、時間的間

隔があるため、日中で価格が激変することは少ない。したがって、じっくり相場に取り組むにはよい。

◆東京穀物商品取引所の先物取引時間

節	時間	商品			
前場1節	9:00〜	トウモロコシ	NONGMO大豆	小豆	
	9:30〜	アラビカコーヒー生豆	ロブスターコーヒー生豆	粗糖	
前場2節	10:00〜	トウモロコシ	大豆ミール	一般大豆	NONGMO大豆
	10:30〜	アラビカコーヒー生豆	ロブスターコーヒー生豆	粗糖	
前場3節	11:00〜	トウモロコシ	大豆ミール	一般大豆	小豆
後場1節	13:00〜	トウモロコシ	大豆ミール	一般大豆	小豆
	13:30〜	アラビカコーヒー生豆	ロブスターコーヒー生豆	粗糖	
後場2節	14:00〜	トウモロコシ	大豆ミール	一般大豆	NONGMO大豆
	14:30〜	アラビカコーヒー生豆	ロブスターコーヒー生豆	粗糖	
後場3節	5:00〜	トウモロコシ	NONGMO大豆	小豆	
	15:30〜	アラビカコーヒー生豆	ロブスターコーヒー生豆	粗糖	

2 内部要因分析

　商品取引員のディーラーは、どの業者がどれだけ買っているか、その業者の後ろには誰それがいるという情報を読む。あの仕手筋は相当含み損を抱えているから、もう少し下がれば投げるだろう。だったら今の内に売っておこう、という考え方になる。最近では海外のファンドが、商社系の商品先物取引員等を通じて大口の注文を出しており、大手ファンドは少し評価損失を出すと必ず損切りしてくる。そうした動きを事前に読んで同じ方向で、ファンドより少し早めに動けばおいしいといえる。これらの読みに対抗して、大口投資家は自分のポジションが他人にわからないように、取引業者を分散して注文する。

こうした動きは日中じっと市場の動きを見つめていないとできないので、一般の方にはできないかもしれない。それでは一般の人でもできる内部要因分析は何かというと、1つは出来高や取組高を見ることである。
　取引所では、大口取引員の手口を公開している。業界新聞紙上には、取引所が発表する業者各社の手口が新規買い・新規売り・買い戻し・転売の別で自己と委託玉について載っている。東京工業品取引所では下記ホームページに会員別取組高表が載っている。

　　東京工業品取引所の会員別取組高表ホームページ
　　http://www.tocom.or.jp/kan_toku/kan_toku_au_j.html

　同じ買い注文でも、新規買いが多ければ、これから相場が始まることを意味する。空売りしていた人たちの買い戻しが多ければ、これで相場は一段落と読め、その場合は、新たな価格の上昇は望み難い。
　米国市場でもCFTC（米商品先物取引委員会）が大口トレーダー（投機玉と当業者別）と小口トレーダーの買い建玉と売り建玉明細を、毎週火曜日に発表している。建玉とは、買うか売るかして、その反対売買を未だしていない片建てのものをいう。だから買いの建玉が多くなれば、やがて売ってくると読める。なお、買い建玉数と売り建玉数は常に同数である。問題は、「誰の建玉が多いか、それはいくらで買った（空売りした）もので、現在の評価損益はどうか」という点である。

＜大口投機家の建玉数データの読み方＞

　a　大口投機家の買い建玉が増加してくる段階において、価格は上がる傾向にある。
　b　大口投機家の買い建玉が増加して、増加傾向にストップがかかり、逆に減少に転じる場合、あるいは売り建玉数のほうが多くなってくる瞬間には、価格は転換して、下落することが多い。
　　そのココロは、実際にファンド等大口投機家がそのようにそう動くだろうということと共に、少なくともその論理構成を人々が

納得してそう思い、追随しようとして行動するからだといえる。たとえば、為替相場で、円レートのある水準では日銀の円売り介入があると意識されると、実際には日銀は介入しなくとも、人々が円買いに躊躇を感じるようになるという心理ゲームと一緒である。

3　出来高

　出来高は人気のバロメーターである。出来高が大きいほど概して市場参加者が多いといえる。出来高の読み方は以下である。

　a　トレンドが出ている場合、出来高が価格の動きに伴って多くなるなら、トレンドの勢いは強くなるだろう。出来高が増えつつ価格が上がれば、もっと上がると考えてよいだろう。

　b　トレンドが出ているように見えても、出来高が閑散としている場合は、だましのトレンドであり、強い傾向は現れないことが多い。

　c　出来高が少ない場合は、価格が飛ぶことがある。「ギャップ」とか「窓」というが、価格が連続せず、離れて形成されることがある。このように流動性が低い市場は価格が大きく変動しやすい。あるいは指値しても成約できなくなってしまう。だから出来高が少ない商品はなるべく避けたほうが賢明だろう。こういうところには、プロが蜘蛛の巣を張って、餌がかかるのを待っている。なお、ギャップは相場が埋めにくるという格言は迷信に近いと、ある本に書いてあった。

4　市場の読み

　こうした手口の読みは、ファンダメンタル情報と同様、ひと筋縄ではいかない。状況に応じてさまざまな展開がある。たとえばS商事の貴金

属の建玉残は、この会社が買い建玉を増やすと、何か上がる材料があるのではないかと思うが、そのまま信用するわけにはいかない。反対取引が背後にあり、表面(「場ヅラ」という)に出ているのはヘッジ玉であったり、自社の建玉はダミーであって、本当の意図するところは数社の商品先物取引員の口座に分散して建っているなど、大口取引者は、互いにポーカーゲームさながらのだましあいを行う。

　ファンダメンタルの例でいえば、昨夜米国の原油価格が上昇したとしよう。また、為替も幾分円安に振れた。当然日本の石油市場は朝から上がるだろうと思うと必ずしもそうはいかない。日本の市場における内部事情があるからだ。たとえば日本の石油市場価格が既に高い水準まで来ており、原油の値上がりは予め織り込み済みであり、買い持ちが多い場合は、海外が上昇してもそれを反映するだけの余力がないことがある。そうすると、日本は意に反して下落となる。その日本の動きは欧米市場に反映され、翌日の相場は海外も下がるかもしれない。こうして相互に影響しあって単純には判断できない動きをするから難しい。

　もう1つ注意しなければならないのは、昨夜の海外の市況は翌日朝一番の東京の価格、つまり寄り付き値に反映するということである。昨夜海外が徐々に値上がったからといって、東京の価格も徐々に値上がるのではなく、朝一番の価格に昨夜の海外の終わり値がひと息に反映してしまうのだ。したがって、往々にして朝一番の価格を最高値として、日本の日中の価格はだらだらと値下がりを続けることすらある。朝会社に出る前に海外の情報を読みこなして、海外は上がったからと意気込んで朝から買うと痛い目にあうこともある。いくら普通の人より早く海外情勢を知ったからといって、勝つことは難しい。なぜなら、相場を読む場合の「人より早い」というのは、秒単位の話であるから。

　とはいっても、、市況を読み慣れてくれば、今の日本の状況を胃袋の片隅に置いて、海外の状況を頭でこなす。すると答えは胸のあたりから出てくる。

ときにはそんな理不尽なという思いを持つこともあるが、相場はそもそも人間の行動の反映である限り、なかなか理論通りには動かない。

何だそれでは難しいではないかといわれると、その通りである。しかし競馬の1着2着を当てるよりははるかに簡単なことだと思うのだが。なぜなら商品先物のほうが、情報が圧倒的に豊富に準備されているから。

株式における個々の企業情報の量よりも、商品に関する情報のほうがはるかにたくさんあり、かつ世界的であり、普遍的である。

5 デイトレードの場合の市場の読み

デイトレードの場合、ファンダメンタル情報は限られてくる。それでも、日本時間の日中の為替の動き、現物市場の動き、海外の夜間取引の動き、事件や事故などのニュース、政府や政府機関等による発表など、気を配る情報には事欠かない。

市場心理でいえば、デイトレーダーは朝どちらかの方向に売買を行い、昼食前と市場が閉まる前にポジションを閉じるはずだ。朝方買い気が多くて価格が上がっていれば、彼らには利が乗っており、どこかでプロフィットテイクしてくるはずだ。だから手仕舞い売りはこのあたりの価格レベルだろうと推測を立てて、空売りしておけばよいという方針になる。

朝方買い気が多くて価格は一時上がったが、すぐ下降に転じてしまった。朝方買った人たちはどこかで損切りしてくるはずだと待ち構えることもある。シミュレーションで書いたように、今どのような人たちが、どのような心理状態にあるかを読んで、先回りすることがこの場合の内部要因分析となる。

テクニカル分析では、価格が上値抵抗線の近くにあれば売りであろうし、下値支持線に近づいていれば買い、ただし、それらの抵抗線や支持線を越えてしまったなら、あわてて途転してトレンドの方向に乗り換える必要がある。

3章

商品ごとの価格チェックポイント

主な商品ごとに、その価格変動要因の要点だけを以下に列挙する。知識の部分についてご興味ある方は、独自に研究されたい。

1項 金

Ⓐ 商品の特長

金の場合、需給バランスの変化で価格が変動することは少ない。なぜなら金は有史以来約14万トン採掘されており、民間及び各国政府の中央銀行他に退蔵されているからだ。

プラチナが有史以来4千トン強の生産量しかないのと比較すると、大きな違いである。

金を買い占めようとすれば、日本の国家予算以上の資金が必要であり現実的ではない。だから、需要がいくら増えても金が足りなくなるという状況は起きない。

金の主な需要は宝飾品向けで約2,700トンである。中でもインドは、婚礼用等に毎年600トンの金を輸入している。近年半導体など電子素材に

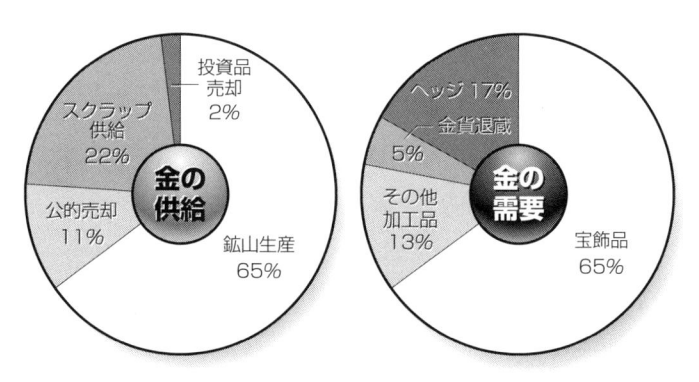

金の供給
- 鉱山生産 65%
- スクラップ供給 22%
- 公的売却 11%
- 投資品売却 2%

金の需要
- 宝飾品 65%
- ヘッジ 17%
- その他加工品 13%
- 金貨退蔵 5%

も金が使われているが、その量は約500トンである。残りが退蔵用やヘッジ需要で、こうした需要を合計すると年間約4,000トンである（2002年）。
　一方供給は、鉱山からの採掘が2,600トン、スクラップからの回収が800トン、公的機関の売却が600トン弱である。
　金のもう1つの側面は金融資産としての役割である。古代からエジプト文明・中国文明・インカ帝国等、地理的にも時間的にも隔たった国々で、金は財宝として評価された。金の価値を重んじる歴史は今でも連綿として続いており、華僑や印僑は、貨幣を貯めるのと同様に金塊を財産として蓄えている。各国政府の金準備高も、ユーロが約12,000トン、米国が8,000トン保有しており、日本は約800トンで第五位である。こうして金は通貨に代わる資産としての価値を有しているので、金価格も、政治・経済情勢等により変動する性質がある。
　なお、金1オンスは31.1035グラムである。

B　主な価格変動要因

①　需要と供給

　日本や中国、インド等で金塊購入意欲が高まると値上がる。
　たとえば、日本で銀行預金のペイオフが制定されたとき、預金を取り崩して金塊を買う動きがあった。この実需は金価格に心理的な影響を与えて値上がる。宝飾品の需要は、8月から9月にかけてのインドにおける婚礼需要と、イタリア等の宝石メーカーがクリスマス商戦に向けて製造する秋口に増加するという季節要因がある。トルコや中国の宝飾品需要も1つの鍵である。これらの地域の政治経済動向、通貨価値の動向などが金価格に影響を与える。

②　政情不安

　米国がイラクに侵攻するかどうかが取りざたされたときのように、先

行きの世界情勢に不安が生じたり、テロや戦争が懸念されると金価格は上昇する。自然災害等も、人的システムへの不安から資金が金へシフトする動きが起る。

イラク侵攻で見られたように、ブッシュ大統領が開戦をほのめかすと金価格は上がり、いざ開戦すると逆に金価格は値下がる。これは石油価格も同じ傾向をたどった。いずれも、開戦と共に、イラクの抵抗が少なくて終戦を迎えるという、一歩先を見越しているからだ。

③　経済不安

米国の景気が悪化し、ドル安になると「セーフヘブン」として金への資金シフトが進み、金価格は相対的に上昇する。米国不景気→資金が米国から逃避→米国株安・ドル安→金高の図式。景気がよくなると金価格は下がる傾向にある。

④　インフレに強い金

景気がよくなっても、世の中がインフレになれば金価格は上昇する。通貨の価値が金の価値に比べて相対的に下がるからだ。

⑤　政府の放出

国家財政の健全化のために、各国政府が金準備の一部を売却する動きがあった。売却の噂は金価格の値下がりを呼ぶ。しかし、1999年9月、欧州中央銀行と15の中央銀行がワシントン合意により、金価格を守るため5年間の金の売却量を年間400トン以下にすると取り決めた。国家の売却が金価格の下落を招き、自らの首を絞める結果になることを恐れたからだ。この協定は2004年9月に期限切れとなる。同じ量で更改されるか、売却量が増えるどうかが焦点となっている。

⑥　鉱山会社のヘッジ売り

金価格が高いときには、鉱山会社はヘッジ売りを行う。これが大量に行われると価格は下がる。鉱山会社としても相場を冷やすような動きは避けたいところなので、ブローカーを分散して密かに行われる。金価格が400ドル/オンスを超えると、鉱山会社は将来生産する金地金を今の価格で売ってしまおうと、先物ヘッジ売りを行うことが多い。そうなると、大量の売りを浴びて先物価格は下落する。

⑦　金の現物市場のプレーヤー

金地金は、金鉱山や銅鉱石からのバイプロダクションにより金鉱石が生産され、それが精錬工程を経て金地金になる。金地金とは、いわゆる延べ棒であったり、ハンペンのような5kg塊、10kg塊等をいう。小さなものではパチンコの景品に使われる5gや10g等もある。

もう1つの供給源は、スクラップである。

これは、主に半導体のスクラップである。コンピューターを解体してプリント基板を取り出す。これは主に銅資源であるが、「石」と俗称されプラスチックやセラミックカバーのICチップを基盤から取り、それをクラッシュしてプラスチック分等を取り除くと、シリコン基盤と銅のリードフレームをつなぐ部分が金線でできている。これを溶融して取り出す。金鉱石を掘り尽くしつつある現代では、コンピューターは大変効率のよい市中の金鉱石であるといえる。

それらの金鉱石は塩酸と硫酸を混ぜ合わせた「王水」に漬けると金分が溶融する。これを取り出せば純度の高い「純金」を取り出すことができ、これを溶かして鋳型に流せば再度、上記の金地金となる。

地金商と呼ばれる精製メーカーは、スクラップを王水で溶かして純金を取り出したり、宝飾メーカーで発生した削りくず等のスクラップを集荷し、また、海外から輸入した金地金を溶かして金の棒や線、パイプ等の中間製品を製造する。宝飾メーカーはこれらの素材を購入して宝石に加工する。

◆金の現物取引の動き

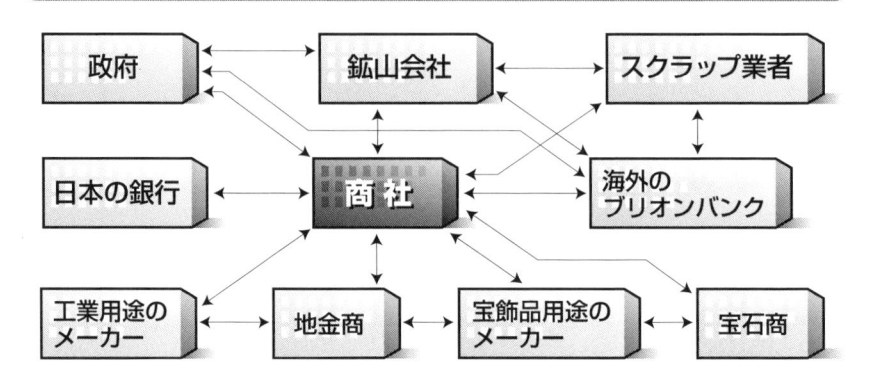

```
政府 ←→ 鉱山会社 ←→ スクラップ業者
日本の銀行 ←→ 商社 ←→ 海外のブリオンバンク
工業用途のメーカー ←→ 地金商 ←→ 宝飾品用途のメーカー ←→ 宝石商
```

　金の現物トレーダーは、海外の場合、大手地金商と、鉱山会社、及びブリオン銀行である。日本でも銀行の店頭で金地金を購入することができるのだが、あまり流行っていない。日本の場合、金は「物」として認識されるため、官庁の管轄は経済産業省になる。一方、銀行や証券会社は金融庁など旧大蔵省の管轄となる。

　したがって、日本の金融機関は、海外の地金商や銀行から金地金を買うことができない。金融機関は物を扱う商社から購入せざるをえない。これが、日本の銀行が金地金をあまり売りたがらない1つの理由である。

　一方、海外ではこのような縄張りはないため、銀行間で金地金の売買が日常的に行われている。それを受けて立つ日本のプレーヤー、いわゆるブリオンディーラーは商社ということになる。したがって、商社は、海外の銀行特にスイス系の銀行とは、毎日金地金の取引を行っている。スイスの銀行は東南アジア各国との取引を行うため、香港に支店を置いており、かなり大きな権限を与えているため、日本時間では日本の商社は香港にあるスイスの銀行の支店とロイター画面を通じて取引を行うことになる。ゆえに、金の現物取引市場はロイター画面上にあるといえる。

⑧　海外相場

　日本の金価格は前日のCOMEX（NYMEXの一部門）の先物価格とLONDONの現物FIXING価格、及びスイスの現物価格等から影響を受ける。スイスの現物価格は東京時間でも香港でQUOTEされているので、相互に影響しあっている。日本における現物価格は、田中貴金属工業が毎日発表する買値と売値が1つの権威ある指標となっている。これは1日中固定の現物価格であるが、プロの間では、24時間休みなく現物価格は変化している。

⑨　為替の動向

　日本の金価格は日中の為替の動向と深くかかわっている。円高に動けば円建ての金価格は安くなり、円安に動けば円建ての金価格は高くなる。

⑩　需給データ

　金の需給統計は、英国の鉱山会社ゴールドフィールズミネラルサービシズ社が毎年5月、9月、1月の年3回発表している。
　ワールドゴールドカウンシルは金鉱山が資金を出して金の用途開発や広報宣伝を行う機関である。

　要は、金はムードで上がったり下がったりするかなり予測の難しい商品である。
　テロや天災などの社会不安や米国の双子の赤字の拡大など通貨不安が起きると金需要が高まる。長い間には一定の価格レンジに収まっているので、トレンドが出ることは少なく、どちらかといえばボックス相場を繰り返しているのが、金価格である。

Ⓒ 関連情報サイト

- 日経マネーゴールド投資
  http://nk-money.topica.ne.jp/gold.html

- 田中貴金属
  http://www.tanaka.co.jp/

- 三菱マテリアル金の情報館
  http://www.mmc.co.jp/gold/museum/index.html

- 日本金地金流通協会
  http://www.jgma.or.jp

- WORLD GOLD COUNSIL（英文）
  http://www.gold.org/

- Gold Fields Mineral Services（英文）
  http://www.gfms.co.uk/

- 鉱山情報（英文）
  http://www.infomine.com/commodities/

- 貴金属情報（英文・一部有料）
  http://www.thebulliondesk.com/default.asp

- 貴金属情報（英文）
  http://www.kitco.com/

2項 銀

A 商品の特長

銀は、市場規模が小さいことから、ときどき買い占めに会う。近年では1998年〜99年にかけてウォーレン・バフェット氏の買い占めが有名である。彼は銀を4,000トン買い、いまだに持っているといわれている。比較的少額の資金で価格をつり上げることができる商品であるが、市場が小さいだけに売り逃げることも難しい。

銀の需要はスイッチや接点等工業用途（40％）、食器や宝飾品（30％）、写真のフィルム（24％）が三大用途で需要の大部分を占める。約26,000トンの需要があり、鉱山生産高が18,000トン、スクラップからの回収6,000トン、公的売却2,000トン等の供給がある。貴金属の中では一番回収率が高い。

鉱山は主に北米から中南米に、鉱山全体の約6割が分布している。メキシコ(16％)・ペルー(15％)・オーストラリア(11％)・米国(8％)・中国(8％)・カナダ(8％)・ポーランド(7％)・チリ(6％)・ロシア(4％)・カザフスタン(4％)・ボリビア(2％)等で産出される。

B 主な価格変動要因

① 金価格の動向

金価格につられて動くことが一番多い。銀も金と同様、金融商品としての性格をあわせ持つので、ドル安→金高→銀高という図式になる。

② 経済動向

銀は金より、工業用途の割合が多いため、経済動向への反応は金より大きい。たとえば一般的に、米国株高→金売りとなるが、銀はその場合は、金と違う動きをして買われることもある。これは工業用需要が伸びることをイメージしたものだ。銀は安い割には優れた導電性があるので、エレクトロニクス分野に多く使われており、銀価格はコンピューター等電子部品の売れ行きに影響されるというイメージがある。

③ デジタルカメラの普及状況

最近のデジタルカメラの普及により、銀のフィルム用需要が落ちるであろうことは既に価格に織り込み済みである。それでも、デジカメの売れ行きがよければ、フィルムが売れなくなるという連想から、銀売りにつながる。

④ 地球環境につながる新しい用途

直射日光を遮るためにガラス窓にコーティングする材料としての銀が注目されている。紫外線よけのサングラスにも銀がコーティングされている。

⑤ メキシコの政治経済動静

世界の銀の16%を生産するメキシコの政治経済情勢は、銀価格に影響を与える。

⑥ 海外相場

金と同様に前日のニューヨークのCOMEX価格に影響を受ける。

⑦ 為替の動向

日中の為替レートの変化にも敏感に影響を受ける。

⑧ 需給統計

銀の需給統計も金と同様、ゴールドフィールズミネラルサービシズ社が5月、9月、1月に年3回発表している。また世界銀協会（Silver Institute）にも銀に関する資料や情報がある。

銀は、市場規模が小さく、ファンダメンタル要因が少ないだけに、金以上に難しい商品である。出来高が小さいので、ファンドなどの買いが少し入ると簡単に値上がる。そこに要因を探そうとしても、ほとんどこじつけになってしまう。小豆など共に、かなり難しい商品の1つであろう。基本としては、出来高の少ない商品には近寄らないほうが賢明である。

Ⓒ 関連情報サイト

- Silver Institute（英文）
  http://www.silverinstitute.org/

- 田中貴金属
  http://www.tanaka.co.jp/

- Gold Fields Mineral Services（英文）
  http://www.gfms.co.uk/

- 鉱山情報（英文）
  http://www.infomine.com/commodities/

- 貴金属情報（英文・一部有料）
  http://www.thebulliondesk.com/default.asp

- 貴金属情報（英文）
  http://www.kitco.com/

3項 白金

A 商品の特長

　白金は年間供給量190トン弱であるが、その4分の3は南アフリカで生産される。金鉱山も地中深く掘っているが、白金の鉱山も地下1,000メートル級の縦穴を掘り、地中に総延長百数十キロに及ぶ坑道を作る。しかし前述したように、白金の鉱脈はわずか数センチの

●プラチナ鉱山と精錬所風景

薄い層で、100キロ四方のサバンナの地下に、お椀状に拡がっている。

　毎日ボタ山ができるほどの土を掘り出して、ロータリーキルンで粉砕し、浮遊選鉱に始まる製錬工程を経て最後に溶鉱炉でニッケル分を分離してできるのがプラチナ鉱石である。しかし、プラチナ鉱石といっても、1日の生産量はわずかバケツに数杯の分量である。

　ところが、これがプラチナではない。さらにこの鉱石をヘリコプターに積んで100キロほど離れた貴金属精製工場に運んで塩酸や硫酸を使ってプラチナ分を抽出する。そしてできるのが豆腐大のかたまり5kg塊数個である。この工程を見ると、「貴金属」という名前に実感が湧く。プラチナとパラジウムの特長は、その生産性が硬直的であり、簡単に増減産ができないところにある。

　主な用途は宝飾品と自動車触媒である。それぞれ4割ずつを占める。触媒作用とは、自らは何ら変化しないが、プラチナ族金属にガスが接触すると、化学反応が促進されるという特長をいう。前述のように自動車

の場合排気ガス中には、HC（炭化水素）、CO（一酸化酸素）、NOx（酸化窒素）が含まれている。これらのガスは、プラチナ族金属が表面をおおった、セラミック製のハニカム状の筒を通ると、酸化反応と還元反応が活発になり、人間に無害の二酸化炭素や酸素等に変わる。触媒は自動車だけでなく、石油精製設備や石油化学工場でも多用されている。

プラチナの隠れた用途の1つには、ガラス工場の設備がある。高温で溶けたガラスを流すため、融点が1700℃の耐熱性に優れたプラチナの特性が生きる。モリブデンのほうが耐熱性はより優れている。しかし、モリブデン鋼等を使うと、溶解したガラスが設備を通る間にモリブデン鋼の不純物を巻き込んでしまう。その点、プラチナは、王水以外は何者にもおかされない、強い耐腐食性能を持つ。高温においても腐食しない。ガラスの通り道の生産設備としてプラチナは欠かせないものとなっている。

ただし、これらの生産設備用のプラチナは一度工場を建設したら、ほとんど半永久的に再利用されてしまう。

貴金属の重要な特性の1つとして、王水（塩酸と硫酸の混合液）に溶ける性質がある。この性質を利用すると、貴金属の合金は何でも純粋な元素に戻すことが経済的に可能となっている。たとえばステンレス鋼は鉄とニッケル等の合金であるが、これをFeとNiに分離することは経済的には難しい。ところが18金は金75％と銀やニッケル等との合金であるが、Au、Ag、Ni等を分離して取り出すことができ、全重量の75％に相当する99.99％minの純度の純金を取り出すことが可能である。だから、18金でも14金でも、それなりの値打ちがある。このような性質を利用して、貴金属で作った設備は、一定の時間が経つとリサイクルして再利用される。

自動車を解体したときに最も高価な部品はマフラーである。それはプラチナが入っているからだ。電話交換機を解体すると、銀やパラジウムの接点が取り出される。人間の歯には金やパラジウムが使われる。

プラチナの設備で、リサイクル頻度が一番高いものの1つが、坩堝（るつぼ）であろう。坩堝というと理科の実験を思い出す方もあるかも

しれないが、その通りで、化学分析に使う皿やピンセットはプラチナで作られる。中でも半導体用のシリコンウェファーを作るためのシリコンやガリウム、ヒ素等の単結晶を作る器具はプラチナで作られている。これを坩堝と呼んでいるが、1回生産するごとにプラチナの坩堝は破られて、中身の半導体単結晶だけが取り出される。坩堝は容易に再生できるからだ。

　最近ではプラチナや貴金属の基盤にビームを当て、そこから飛んだ粒子を基盤等に塗布するスパッターリングという技術が発達して、ミクロン単位の薄さでコーティングすることが可能になった。この技術の発達により高価な貴金属も半導体材料として使われるようになった。部品1つ1つに使われる貴金属の量は極めて少ないが、日産何億個という単位で作られるものもあるので、総量としては大きな需要となりつつある。パラジウムを使ったコンデンサーがそのよい例で、1ミリ角程度の製品にはパラジウムとセラミックが交互に100層以上積層されていると聞くと驚きである。私は実際に生産現場を見たことがあるので、この話も信用できるが、吹けば飛ぶような小さな部品に100層といわれると、なかなか信じがたい。このコンデンサーは携帯電話の中に数十個入っているが、パラジウムが極端に不足するという供給不安があったため、ニッケルに代替されつつある。

Ⓑ 主な価格変動要因

① 貴金属全般の動き
　貴金属全般の動きに従うことがある。金価格が上昇すれば、銀と同様白金価格も上がる傾向にある。

② 中国の宝飾品動向
　以前欧米や中国における宝飾品は、金製品が主体であった。白金は高温でしか溶けず、かつ非常に固いため加工が難しい。日本におけるエン

ゲージリングやダイヤモンドの立て爪用の需要が、宝飾品用プラチナ需要としては、一番多かったのだが、この10年で香港やイタリアで白金の宝飾品用加工技術が発展したため、それまでのホワイトゴールド（金と銀等の合金）に代わって新しい需要が生まれた。したがって中国のプラチナ宝飾需要の動向は大きな価格変動要因となっている。

③ 自動車触媒の需要
自動車の売れ行きに影響を受ける。

④ 新しい用途──燃料電池
将来のプラチナの大きな用途として燃料電池があげられる。燃料電池は水素と酸素を反応させて電気を起こすものであるが、水素はメタンガスやガソリンから改質することが考えられている。その改質装置はプラチナの触媒が欠かせない。

また、プラチナはその耐食性、耐熱性からアノード/カソード電極として使われている。燃料電池の技術開発は日進月歩なので今後どうなるかわからないが、現段階では燃料電池の普及はプラチナ需要の増加につながる。自動車がすべて燃料電池になった場合は、今の自動車触媒需要の約10倍のプラチナ需要が生じるといわれている。なお、このことは既に現在のプラチナ価格に織り込み済みであるが、将来燃料電池が家庭用等でも普及するような情勢があれば、さらにプラチナ価格を押し上げる要素となろう。

需給要因としては、この燃料電池によるプラチナ需要は、需給を非常にタイトにさせるはずである。その意味では、プラチナは長期的には買いである。

⑤ 鉱山会社の設備投資動向
プラチナの生産を増やすのは容易ではない。増産は数年計画となる。

こうした増産計画が発表されたり、設備投資の状況、ストライキ等鉱山経営の状況はプラチナ価格に影響を与える。

⑥　南アの政治経済情勢

プラチナは南ア1ヵ国に偏在しているので、南アフリカ連邦共和国の政治経済情勢には敏感である。

⑦　ロシアと北米の生産

南アフリカ以外にはロシア（16％）とアメリカ（7％）で生産されている。これらの生産状況もプラチナ価格に影響を与える。金と違って、生産状況や消費動向に敏感なのがプラチナ価格の特長である。

⑧　海外相場

前日のニューヨークNYMEX先物価格に影響を受ける。またスイスの現物価格は、日本時間でも香港の出先を通じてロイター等でQUOTEされているので、この現物価格も先物価格に相互に影響を与えあう。

⑨　為替の動向

金銀同様、大きな変動要因の1つとなっている。

⑩　統計資料

需給バランスの統計は英国の貴金属精錬メーカー、ジョンソンマッセー（JM）社が年2回、5月中旬と11月に発表している。この資料の需給バランスあるいは在庫推移は価格に影響を及ぼす。毎年5月にロンドンでプラチナに関する業者やディーラーが集まるパーティーがある。JMの発表はそのプラチナウィークの間に開催されるJM主催のパーティーの席上で発表される。

C 関連情報サイト

- Jhonson Matthey社（英文）
    http://www.matthey.com/

- プラチナギルドジャパン
    http://www.pgi.co.jp/

- 鉱山情報（英文））
    http://www.infomine.com/commodities/

- 貴金属情報（英文・一部有料）
    http://www.thebulliondesk.com/default.asp

- 貴金属（英文）情報
    http://www.kitco.com/

4項 原油

A 商品の特長

原油は、油井から汲み出されたままの石油のことである。

中東は、世界の確認埋蔵量の約3分の2を占め、生産量の3分の1を占めている。

OPEC諸国とは、サウジアラビア・イラク・アラブ首長国連邦・クウェート・イラン・リビア・ベネズエラ・ナイジェリア・アルジェリア・

◆世界の原油確認埋蔵量

順位	国名	確認埋蔵量 （億バレル）	割合 （％）
1	サウジアラビア	2,083	22.9
2	ロシア	1,273	14.0
3	イラク	748	8.2
4	イラン	747	8.2
5	アラブ首長国連邦	545	6.0
6	クウェート	517	5.7
7	アメリカ	304	3.3
8	カザフスタン	290	3.2
9	ベネズエラ	252	2.8
10	リビア	233	2.6
	その他	2,094	23.0
	世界合計	9,086	100.0

石油鉱業連盟発行「世界の石油・天然ガス等の資源に関する2000年末評価」による

カタール・インドネシアである。

非OPEC諸国には、イギリス・ノルウェー・中国・アメリカ・メキシコ・ロシア等がある。

OPECは定期的に会合を開き、各国の生産量の上限を決めている。また、毎日OPECのバスケット価格を発表している。これはサハラブレンド（アルジェリア）・ミナス（インドネシア）・ボニーライト（ナイジェリア）・アラブライト（サウジアラビア）・ドバイ（アラブ首長国連邦）・ティアフアナライト（ベネズエラ）・イストマス（メキシコ）のそれぞれの原油価格を加重平均したものである。

これは生産者価格であるが、NYMEXやロンドンの国際石油取引所（IPA）、東京工業品取引所の原油価格等の影響を互いに受けている。原油を精製してガソリン・灯油・軽油・重油・潤滑油・液化石油ガス・ナフサ・アスファルト・パラフィン等ができる。これらは連産品と呼ばれ、たとえばガソリンだけを増産することはできない仕組みとなっている。

B 主な価格変動要因

① OPEC会議の成行き

OPEC定例会議における生産調整の動向は1つの大きな鍵となる。

② OPEC諸国の生産の実態

OPEC会議において生産調整枠が決められるが、必ずしもそれが守られるわけではなく、1つの生産の指針となっているに過ぎない。OPEC諸国は、石油の収入に依存する国が多いため、増産には積極的であるが、減産には下方硬直性がある。決められた生産枠とは別に、実際に生産されている各国の生産動向も、ニュースとして流れる。生産調整枠より実際の生産が多ければ、価格は下降傾向になる。

③　海外相場

　NYMEXの原油価格は大きな目安となる。ただし、米国の価格が上がったからといって東京工業品取引所の原油価格が必ず上がるものでもない。東京の値位置、需給関係、為替の動きなどに影響されて東工取の原油価格は決まってくる。ただ、原則としては、ドル建ての原油価格がどうなるかを、まず最初に予想すべきであろう。

　その後ドル建ての原油価格の動向を踏まえて、日本の原油価格はどうなるかを改めて考える。米国NYMEXの他にロンドンのIPE（国際石油取引所）の先物価格は影響力がある。しかし、時差からしてロンドンの価格は米国に反映され、それが東京の東工取価格に回って、次にシンガポール国際金融取引所（SIMEX）に手渡され、再度ロンドンにバトンタッチされる周回となっている。そのためロンドンの価格が直接東京の価格に影響するわけではない。

④　米国の原油在庫

　米国の原油価格は、米国石油協会（API）あるいは、米エネルギー省（EIA）発表の週間原油在庫（毎週木曜日発表）の動きに影響を受ける。これは、穀物の在庫動向と同様に、発表された数値のインパクトもあるが、事前に民間団体が予想しており、その予想との乖離の程度のほうがより大きな影響を価格に与える。

⑤　対日現物オッファー価格

　ドバイ・オマーン原油価格は現物原油の対日オッファー価格である。この日本時間の日中の動きは東工取の原油価格に影響を与える。

⑥　日本の原油在庫

　日本の原油在庫は経済産業省が毎月末発表している。在庫時期と発表

までの間にタイムラグがあるので、価格にそのまま反映されることは少ない。統計データは石油連盟のほうがわかりやすい。世界の原油統計は国際エネルギー機関（IEA）が発表しているが、原油価格は貴金属より日常的であるので、これらの統計発表が価格を動かすことは少ない。ただし、米国の在庫統計は毎週発表されるので、この動向は石油価格に大きな影響がある。

⑦　経済動向

原油は経済の重要な基礎資材である。発電や動力源として、また石油化学製品の原料としても用途は広い。それだけに原油価格は一般経済動向に左右される側面がある。

⑧　中東情勢

戦争、特に中東における動乱は、供給不安につながり、原油の値上がりを導く。しかし、湾岸戦争でもイラク侵攻においても、戦争が起こるか起らないか不透明な状況下において値上がりし、いざ戦争が始まると、戦後を見込んで下落する傾向にあった。また、戦争が終わっても、戦後の不安要因を抱えて、高止まりしたままなかなか下がらないこともある。

⑨　代替エネルギー開発状況

風力発電とか電気自動車等、石油に代替するエネルギーが実際に開発されるまで、原油はその地位を独占するだろう。これらの新エネルギーの蓋然性が高まれば、それらのニュースに敏感に影響を受けるだろうが、未来の話であろう。

⑩　為替相場

日中の為替の動きは東工取の原油価格に影響を与える。

⑪ 中国の工業化

中国はいまや日本を抜いて世界第二位の原油消費国となった。中国の工業化は今後ますます多くの原油を必要とするだろう。このことだけでも、原油価格は上昇基調にあるといえる。

Ⓒ 関連情報サイト

- OPEC（英文）
  http://www.opec.org/
- 米国石油協会（API）（英文）
  http://api-ec.api.org/intro/index_noflash.htm
- 日本石油連盟
  http://www.paj.gr.jp/html/statis/index.html
- 石油情報リンク
  http://www.geocities.jp/tetchan_99_99/link/link-oil.html

5項 ガソリンと灯油

A 商品の特長

　ガソリンの需要期は夏場である。また、大型連休などはガソリン消費量が上がる。一方、灯油の需要期は冬場である。灯油の夏冬の需給格差は3倍あるといわれる。気温が低いと灯油需要は増える。

　ところで、先物価格の難しいところは、ガソリンや灯油の場合、6ヶ月先の受渡し限月の取引を行うことだ。したがって夏に冬物の商戦を行うようなものであり、冬になってから冬に使う灯油の価格を決めるのではない。冬になったら逆に夏物を商う。

　そうはいっても、冬場に寒いと先物価格は上がる傾向にある。貴金属の先物は1年後の同時期の限月が最期先であるのに対し、石油関係商品は6ヶ月後の相場を商うのでこの問題が生じる。さて、今年は暖冬になると思えば冬場の限月の灯油を売り建て、寒くなると思えば買い建てればよい。いずれも夏の間に予想することになる。

　需給的にいえば、たとえば原子力発電所が地元の反対で使えなくなったとしよう。猛暑のためエアコンが稼働して必要電力量が上がる。これを補うため火力発電所の操業度が高まるとする。その場合需要が増えるのは原油から精製される重油であるが、重油をたくさん作ろうとすればガソリンや灯油もできてしまう。したがってガソリンや灯油の需給は緩むはずだと想像できる。だから原油は買いであっても、同じ石油のガソリンは売りとなることがある。

　夏場の電力需要を予想するのも、夏ではなく、冬の初めか春である。その頃の原油（重油）価格に反映される。実際に電力会社が夏場に必要

とする重油を調達するのは春先である。

　ガソリンや灯油の価格は読みにくい。海外の原油価格、為替の影響、日本の需要と供給等、それなりに価格に影響を与えるのは事実だが、ガソリンと灯油価格はそれほど単純ではない。近年これらの商品を先物市場で商う一般投資家の数が飛躍的に増え、その大きな部分が日計り取引だからである。

　彼らは朝9時から相場が始まると画面を見ながら売買する。最初の価格は前日の海外価格等の影響を受けることが多いが、日中の動きは相場そのものが動かしているとしかいいようがない。需給要因は既に織り込み済みと考えてもよいだろう。日計り取引の場合は、ファンダメンタルよりはテクニカル的な要素の比重が大きくなり、また同時に並行して変動している為替の動きや、ドバイ原油の動き、すなわち、原油の対日オッファー価格の日中の動き、あるいはニューヨークNYMEXの夜間取引の値動きが相互に影響しあうこととなる。

　貴金属の日計り取引は、為替と同様に全世界の貴金属ブローカーが毎日行っている。大手商社をはじめ外国銀行や商品先物取引業者が参加している。したがって、極端な動きをすれば、すぐ商社等のアービトラージによって価格は国際水準に平準化される。だから、比較的常識に沿って動くことが多い。ところが、ガソリンと灯油の価格は日本市場固有であり、プロの参加者も日計り中心で、日本の個人投資家のボリュームも多い。だから、時に常識が通用しないような独自の動きをする。これがおもしろいともいえるが、怖い相場でもある。

　将来、多くの石油会社が参加して、ヘッジ取引の規模が大きくなれば、もう少し安定した動きになると思われる。石油のより高度なデリバティブ取引は、商品先物取引所とは違った市場が形成されると思われる。しかし、だからといってそれらの相対市場で、すべてがまかなわれるとは思えない。こうしたデリバティブ取引でヘッジとは何であるかを身につけたメーカーや問屋が、いずれ商品先物取引市場にも参入してくれば、

2つの市場は相乗効果により発展するだろう。

Ⓑ 主な価格変動要因

① 原油価格の動向

　ガソリンは原油から精製されるので、当然原料の原油価格の動向に左右される。ただし、市場の内部要因のために、原油高のガソリン安等の動きもある。これがあまり極端に乖離しているときは、適正水準にいずれは戻ると想定した売買を行うチャンスとなるだろう。

② 国内石油製品需給

　国内におけるガソリンや灯油の在庫状況と需給の見通しが影響する。

③ 元売り会社の動向

　ときに元売り会社は、価格をコントロールしようと自ら買い出動することがある。これを読んで売り向かう仕手筋の資金力がどこまで保つか等の見通しが必要となってくる。

④ 天候

　ガソリンは行楽シーズンや夏場に使用量が増える。夏場あるいは夏の限月のものがその時期の天候予想の影響を受ける。灯油の場合は、冬場である。

⑤ 為替

　海外から直接輸入しているガソリンの量は多くない。しかし、それでも円高ならガソリン価格は安めになる。

⑥ 需給データ

日本石油連盟が需給バランスを発表している。

Ⓒ 関連情報サイト

● 石油情報センター
http://oil-info.ieej.or.jp/cgi-bin/index_flash.cg

● 全石連ＨＰ
http://www.zensekiren.or.jp/

● 石油連盟ＨＰ
http://www.paj.gr.jp/

● 石油情報リンク
http://www.geocities.jp/tetchan_99_99/link/link-oil.html

6項 ゴム

A 商品の特長

ゴムには天然ゴムと合成ゴムがある。東京工業品取引所や大阪商品取引所に上場されているのは天然ゴムである。産地は赤道を中心に北緯・南緯15度圏内に位置する高温多湿で強風の吹かない地域に集中している。例外として中国の海南島や雲南省での生産がある。

●ゴム園

一番多い生産国はタイで、次いでインドネシア、インド、マレーシア、中国、ベトナムの順である。用途は、その80％が自動車等のタイヤである。

国別の消費は中国、米国、日本、インド、マレーシア、タイ、韓国の順である。

B 主な価格変動要因

① 日米の自動車需要

需要の大半を占める日本や米国における自動車生産動向がゴム価格に影響を与える。

② 中国の買付け

最近では中国の自動車生産がウナギ登りなので、中国一国の自動車タイヤ用天然ゴム需要が大きな影響力を持つに至っている。上海先物市場

に上場されているゴム価格が乱高下している。中国のゴム買付け時期が、いつかということは、価格変動の大きな要因の1つとなっている。

③　季節変動要因

天然ゴムは、北半球では11月から1月にかけての雨期のシーズンに生産され、2月から4月をウィンタリングと呼んで減産期となる。したがって、価格は秋から冬にかけ下がり気味で2月から4月にかけては供給不足気味となる。

また、需要サイドでは夏冬の工場の休暇前には買付けが細る関係から需要は落ちる。

④　現地現物価格

通称タイオファーと呼ばれる生産地でのUSセント建ての価格は、現物価格の動向を反映している。日本の価格が安いのに、タイオファーが高い場合は、中国の買付け気配が影響していると読む。その場合は日本の価格は上がる可能性が高い。

⑤　全国生ゴム営業倉庫在庫

日本ゴム輸入協会が毎月10日に発表する全国生ゴム営業倉庫在庫の増減はゴム相場に影響を与える。

⑥　内部要因

ゴムは、貴金属や石油に比べて内部要因による影響が大きい。大手取扱い業者の動向や、仕手筋の動向に価格は左右されることがある。こうした動きは、業界紙や市場関係者の話を聞くしか方法がない。一般投資家の場合、東工取の手口表を丹念にトレースすると、その動きが見えてくることがある。根気と経験、勘の世界である。

⑦ 需給データ

ゴム製品統計は経済産業省が毎月発表する。

日本自動車タイヤ協会は毎月自動車タイヤ・チューブ生産・出荷・在庫実績を発表する。日本自動車タイヤ協会は年央と年末の2回需要見通しを発表する。自工会は国内自動車生産実績や輸出概要を発表する。新車登録台数は自販連や全軽協が毎月発表する。ゴム製品の生産・出荷・在庫統計は日本ゴム工業界が毎月発表する。

C 関連情報サイト

- 日本ゴム工業会
  http://www.jrma.gr.jp/

- 自工会サイトマップ
  http://www.jama.or.jp/sitemap/

- 日本自動車タイヤ協会
  http://www.jatma.or.jp/

- International Rubber Study Group（英文）
  http://www.rubberstudy.com/

- ゴム報知新聞
  http://www.posty.co.jp/

- ゴムの工場見学サイト
  http://www.rubberstation.com/rubberinfo1.htm

- 日刊自動車新聞社
  http://www.nikkanjidosha.co.jp/

7項 アルミ

Ⓐ 商品の特長

　アルミは国際商品であり、ロンドンのLME（LONDON METAL EXCHANGE＝ロンドン金属取引所）の3ヶ月先物価格が世界的な指標となっている。ニューヨークのCOMEXや東京・大阪市場の価格もLMEに追随することが多い。

　アルミニウムは地核中に含まれる元素の中で酸素・硅素に次いで三番目に多い元素である。

　ボーキサイト→アルミナ→アルミ地金→アルミ圧延品・押出品→製品と加工される。アルミナからアルミ地金1トンを生産するために15,000kwh～21,000kwhの電力を消費するため、電気の塊といわれる。

　私は1972年から1981年までアルミ地金の担当者であった。その当時日本には、日本軽金属・三菱化成・住友化学・昭和電工・三井アルミの5大アルミ地金製錬メーカーがあった。しかし、電力費が世界の6～10倍であったので、オイルショックを境にして原油や天然ガスが安く手に入る国々との競争に、生産コストが太刀打ちできなくなった。そのため、日本の製錬設備は徐々に閉鎖され、各社は海外に投資して開発輸入するようになった。

　アルミは日常的に使われている。アルミサッシ等の建材、地下鉄や新幹線、航空機、自動車のエンジンやラジエーター、トランスミッション、ホイール、トラックのアオリや船、コンテナなどの輸送分野、また、高圧線は大部分がアルミである。身近にはアルミ缶、鍋釜やアルミ箔がある。LNGタンカー等の極低温環境にもアルミ素材が使われている。また、

毒性がないので食品や医薬品の包装材、飲料缶、医療機器としても使われている。アルミは、軽くて丈夫、耐食性のある素材である。

アルミ地金は世界各地で年間約2,100万トン生産されている。また、アルミはリサイクルが可能であるため、スクラップから再生された二次合金地金が供給の一翼を担っている。日本のアルミ地金需要は世界の約1割、約210万トンで、大部分を輸入に頼っている。在庫は約28万トンと1ヶ月分強となっている。

東京工業品取引所や大阪商品取引所で取引されるのはアルミ地金だが、アルミ地金の統計資料は国内生産が少ないため、実態を十分反映していない。アルミ全体の需要すなわち、アルミ圧延品やアルミ押出品の需要を表す、「アルミ総需要」の推移を把握しておいたほうが、需要の動きはわかりやすい。日本のアルミ総需要は約400万トン。アルミ需要との差はスクラップからの再生利用（輸入品を含む）である。

アルミの需要動向を把握するには、アルミニウム協会から発行される「アルミウム用途別需要推移」を前年度比等で見るとよい。そうすれば、建設用需要が落ちているとか、輸送用需要が増加している等の傾向がつかめる。

B 主な価格変動要因

① 海外相場

特にロンドンのLME価格の影響を受ける。LMEのアルミ地金のセッションは、1日4回11時55分（日本時間では20時55分）、12時55分、15時35分、16時15分にある。セカンドリングの売り終わり値をSettlementと呼び、清算価格に使われ、指標価格となっている。

② 経済的要因

アルミ地金価格は経済要因、特に以下の動向によって影響を受ける。

イ）自動車需要・生産動向

ロ）建築需要動向

ハ）日本の夏の暑さ（アルミ缶の売行き）

ニ）一般景気動向

③　原油価格

電力発電コストに影響するものとして原油価格の動向。

④　国際情勢

大手精錬所のある国の政治動向（ドバイ等中近東・ベネズエラ・ブラジル・インドネシア・カメルーン・モザンビーク・ロシア・中国等）。

⑤　ストライキ

大手精錬所の労働協約改訂等に伴う労働争議の行方（カナダやオーストラリア・米国・フランス等）。

⑥　港湾事情

港湾ストライキ等（米国西海岸・スエズ運河・パナマ運河・アムステルダム）。

⑦　戦争や紛争

中東・カメルーン・モザンビーク等。

⑧　在庫水準

他の商品と同様に、在庫の変化は価格に反映される。需要の1～2ヶ月分の在庫水準がどのように変動しているかに注意を払う必要がある。LME指定倉庫在庫も参考となる。

C 関連情報サイト

- 日本アルミニウム協会
  http://www.aluminum.or.jp/

- 軽金属関係リンク集
  http://www.jilm.or.jp/link/link.html

- 海外アルミ関係リンク（英文）
  http://www.world-aluminium.org/iai/links.html
  #associations

- The Aluminum Association（英文）
  http://www.aluminum.org/

- International Aluminum Institute
  http://www.world-aluminium.org/

- Alfredニュース
  http://www.alfed.org.uk/

8項 大豆

A 商品の特長

　大豆は、商品先物取引の代表選手である。トウモロコシと並んで、その取引の歴史はシカゴボードオブトレード（CBT）の生い立ちに映し出されている。

　大豆は約5,000年前、中国で栽培が始まったといわれている。「枝豆」「豆腐」も唐（618年〜907年）の中期に作られたという。しかし大豆が、豆腐や味噌・醤油、納豆などの食品として使われるのは生産量の2割程度である。

　大部分は圧砕され、油を絞られ大豆油と大豆粕として使われている。大豆油はみなさんの食卓の上に乗るサラダ油、マヨネーズ、あるいはシャンプーや洗剤、インク等の原料となっている。油を絞られた後の粕は、別名「大豆ミール」といって、東京穀物商品市場に上場されているが、養鶏用など家畜の餌になる。

　日本は世界第三位の大豆の輸入国である。中国が第一位で約500万トン、オランダがそれに続く。オランダはヨーロッパの窓口という意味であろう。作るほうは、アメリカが4割強、ブラジルとアルゼンチンがそれぞれ2割前後、中国1割弱である。中国では旧満州の東北地方で生産しており、大連の商品先物取引所に上場されている。米国では中西部つまり五大湖の左下〜下の地域で生産されている。インディアナ州・オハイオ州・ミシガン州で作られた大豆をIOM大豆と呼んでいる。

Ⓑ 主な価格変動要因

① 天候相場

　大豆やトウモロコシ価格は天候によって左右され、4月から9月を天候相場という。

　毎年5月～6月に作付けを行う。この時期に土壌水分が十分でないと作付けがうまくいかない。観葉植物の種を植えるのに鉢の土が、ぱさぱさではどうにもならないのと一緒である。冬の降雪量や、3月～6月にかけての適度な雨量が必要となる。日照りが続いたり、逆に長雨だと作付け遅れが懸念されて価格が上がる。

　春先に異常寒波が襲ったりしても発芽や生育に影響がある。

　生育が順調に進むと7月～8月に開花し、着サヤする。この時期が最も大切な時期で高温乾燥となるとうまく受粉できない。お湿りが必要なのだ。受粉後でも乾燥すると花が落ちてしまうので適度な降雨が必要となる。米国の大豆産地は日本の、全国土の8割ほどの広さがあるので、人工的に水を散布することは不可能である。天の恵みを待つしかない。9月から11月にかけては収穫の時期である。怖いのは早霜や長雨である。実が貧弱となり、品質低下の原因となる。

　豊作の要因は下げ、凶作の要因は価格を上げる方向に影響する。

　最近はインターネットの発達で、米国の天気をリアルタイムで見ることができる。例年7月4日の米国独立記念日を境にして、大豆やトウモロコシの価格は上げ相場や、下げ相場を展開し始める。7月初旬がちょうど受粉の最盛期となるからだ。この前後の天気は、米国の天気予報を聞くのではなく、天気図や衛星写真を眺めながら、数日後の天気をご自分で予測して判断されたい。テレビや新聞で昨日や今日の天気がどうだったという情報を聞いて売買するのでは、一歩も二歩も遅れてしまう。

　また、先物取引会社の営業マンの口ぶりや、商品相場に関するニュースでさえ、高温乾燥になりそうだとアオリがちである。天候相場は、慣

れれば価格を予測することはそれほど難しいことではない。自分なりに天気図とにらめっこをしながら判断すれば、営業マンやニュースを元に売買している人が、多ければ多いほど勝ちやすくなる。ブラジルのコーヒー園で霜が降りるかどうかというニュースも、営業マンからの話を鵜呑みにするのでなく、自分でブラジルの天気図をインターネットで見れば、たとえポルトガル語で書いてあっても、気温が零下になりそうかどうかくらいはひと目で判断できる。

② 比価

春先に米国の農家は大豆を作付けするかトウモロコシを作付けするか悩む。

その決め手となるのが大豆とトウモロコシの先物価格である。一般的に、大豆価格がトウモロコシ価格の2.4倍〜2.5倍を超えると大豆をたくさん植え、トウモロコシが割高になると大豆の作付けは減って、将来大豆価格は上がる傾向にある。

③ USDAの需給報告

大豆やトウモロコシは、米国農務省（USDA）から定期的に詳細な情報が発表される。毎月10日〜15日に需給統計が発表され、3月末には作付け意向面積が発表される。これで大豆の作付け面積とトウモロコシの作付け面積の予想が立てられる。需給統計は通常は机上計算だが、8月の需給統計は実地調査に基づくものが発表される。毎週月曜日（日本時間火曜日）に生育進度、土壌水分が発表される。また毎週月曜日（日本時間火曜日）に輸出検証高（輸出された量）、木曜日（日本時間金曜日）に輸出成約高（輸出契約された量）の発表がある。

④ 南米の動向

ブラジルは米国に次ぐ大豆生産地で、年々生産が増えている。南半球

にあるので米国とは逆になり、10月から12月にかけて作付けする。1月に開花・着サヤ、2月中旬から5月にかけて収穫される。リオグランデドスル州とパラナ州が二大生産地であったが、北部のマトグロッソ州でも栽培され始めている。

⑤ 民間予測

　大豆やトウモロコシ等の穀物情報は、米国農務省（USDA）がこまめに発表してくれる。その発表のたびに一喜一憂して相場は変動するが、公式発表の前に民間予測会社が自分たちの予測を発表する。その時点で豊作とか凶作の情報を相場は吸収するので、USDAの公式発表はたとえ豊作と発表されても上がることもある。なぜなら、予想より在庫の水準が少なかったとか、収穫量の予測が事前予測よりも悪かった等によるからだ。USDAの発表数字は絶対値での評価というよりは、それまで考えられていた予測との乖離率に対して動くといえる。

⑥ 情報のインパクト

　先物取引業者の中には、USDAの発表と同時に自社のデータを書き換えるていねいな会社もある。しかし、それを見てから明日の相場を判断するのでは遅い。たとえば、期末在庫が前年より少ない見込みであるとUSDAが発表したら、既に相場は上がっている。

　そのことを頭の中に入れて、さらに上がるかどうかを判断する。豊作であったり、凶作であることは、相場全体に影響を与える。豊作が確実視されている場合中国向けの輸出が少し増えた程度のニュースではなかなか価格は上がらない。一方、在庫が少ない場合はどこかの国に少し輸出成約しただけで、価格は跳ね上がる可能性がある。だから、ファンダメンタル（基礎）なのである。

　USDAの資料は、プレイヤー全員が必ず参照するデータであるので、あなたが知った時点ではすでに織り込み済みである。次にどうなるかが

問題となる。天候なら、来週高温乾燥になると思えば買い、実際に翌週そうなれば、儲かるという具合である。相場は予測のゲームである。情報は過去のものなので、それらの情報やデータを元に明日を予測する。予測する時点では、明日のことは何もわからないのが普通である。だから予測には常にある種の苦痛が伴う。

⑦ 発表の時点

USDAの資料は、シカゴの市場が始まる前に発表されるものと、シカゴ市場が終わった後で発表されるものがある。後者の情報は、東京穀物商品取引所で初めて市場に反映される。日本の市場が始まる午前9時以前に、米国市場の動きやUSDAの発表内容を報じた外電に目を通しておくことは、必要であろう。

具体的には、生育進捗状況や作柄状況はシカゴの月曜日の引け後に発表される。したがって、日本市場が一番早く知ることになる。その他にもあるが、詳細は次の表を参照されたい。

C 関連情報サイト

● USDA

http://www.usda.gov/

http://www.usda.gov/nass/pubs/pubs.htm

（このホームページのAg graphics→Crop Weather→Soybean Percent Bloomingを見ると生育状況のグラフを見ることができる。また、Ag graphics→Field Crops→Soybeans→Acreage(作付け面積)やYeild（単収）、Production（収穫）、Stocks（在庫）の変化がグラフで見ることができる）

● CBT（シカゴ商品取引所）

http://www.cbot.com

(このHPのQuotes→Ag futures→Soybeanで大豆の価格表を見ることができる)

(このHPのCharts→Agriculture→Soybeanで大豆の価格チャートを見ることができる)

● FAS（米国農務省海外農政局）

http://www.fas.usda.gov

(このHPのGlobal Crop watchで、世界各国の気候等の図が見られる。英語がわからなくても、絵を見れば何のことかはよくわかる)

● CONOCO農業ニュース（英文）

http://www.agriculture.com/

● 国際穀物リンクページ

http://www.futuresite.jp/yomi/html/04_01.html

● 農林水産省海外農業情報

http://www.maff.go.jp/kaigai/index.htm

● 中華食物網（中国の農業事情:和文）

http://jp.foodchina.com/jpnFrontEnd/searchArticle.do?channelId=0

● 米国の天気（USA Today:英文）

http://www.usatoday.com/weather/radpic/wrindex0.htm

● 米国の天気（NOAA:米国家海洋大気局:英文）

http://www.nws.noaa.gov/forecasts/graphical/

● 米国の天気（干ばつ調査:NWS米国家気象局:英文）

http://www.cpc.ncep.noaa.gov/products/expert_assessment/drought_assessment.html

● 米国の天気（米国気象局:NWS:英文）

http://www.nws.noaa.gov/

◆米国の農産物生産状況をモニターする統計

発表機関	タイトル	間隔	発表日	シカゴ市場	備考
USDA	需給見通し	月間	毎月10～15日前後	立会い前	各月1日現在における期末の予想
USDA	生産高報告	月間	毎月10～15日前後	立会い前	8・9・10・11・1月
USDA	主要7州のキャトルオンフィールド（トウモロコシ）	月間	月半ばの金曜日	引け後	各月1日現在の飼養牛頭数と前月の導入・出荷状況
USDA					
USDA	輸出検証高	週間	毎月曜日	立会い半ば	前週木曜日までの1週間に輸出検査を受けて船積みされた数量
USDA	輸出成約高	週間	毎木曜日	立会い前	前週木曜日までの1週間の純成約高
NOPA	圧砕高（大豆のみ）	週間	月中旬	立会い前	前月分の月間圧砕高
USDA	作付意向面積	年1回	3月末	立会い前	
USDA	作付・収穫面積	年1回	6月末	立会い前	
USDA	四半期毎の全米在庫	四半期	3月末・6月末・9月末・1月10日前後	立会い前	各1日現在の全米在庫（12月1日の分は1月に発表）
USDA	生育進捗状況	5月～10月	毎月曜日	引け後	
USDA	作柄状況	6月～10月	毎月曜日	引け後	
USDA	ピッグレポート	四半期	3月・6月・9月・12月の第4金曜日	引け後	
CFTC	取り組み内訳	2週間	2週間おきの金曜日	引け後	
NWS	6～10日天気予報	毎週	月・水・金曜日	引け後	発表日から数えて6日目から10日目までの5日間の予報
NWS	干ばつモニター	毎週	毎木曜日	立会い半ば	
NWS	30日天気予報	毎月	中旬・月末		
NWS	60～90日天気予報	毎月	月末		

※　USDAは米国農務省（United States Department of Agriculture）
※　NOPAは全米油糧種子加工業者協会（National Oliseed Processors Association）
※　NWSは米国気象局（National Weather Service）

商品ごとの価格チェックポイント ◆3章

◆大豆の季節と価格変動要因

	1月	2月	3月	4月	5月	6月	7月	8月	9月	10月	11月	12月
	需給相場			天候相場						需給相場		
				作付け			開花・着サヤ			収穫		
天候と大豆への影響 (豊作)			十分な降雨	土壌水分を補充	作付け日より早期作付け	適温／適雨 発芽・生育を促す	晴天／周期的な降雨 生育・受粉 良好	晴天	成熟順調 収穫日より早期収穫	十分な積雪	来春の土壌水分を補充	
天候と大豆への影響 (凶作)			少雨 土壌水分が不足	長雨 作付け遅れ	乾燥／低温 発芽・生育不良	着サヤ不良 生育・受粉不良・早霜／多雨	霜被害 成熟不良	長雨 収穫遅れ	寒波・降雪 収穫放棄	暖冬／雪不足 来春の土壌水分不足		
USDA（米農務省）発表	最終生産高	需給報告（毎月15日前後）			需給報告（新年度予想）（毎月15日前後）			需給報告（生産高予想）（毎月15日前後）				
	輸出検証高（毎週月曜日）	輸出成約高（毎週木曜日）	生育進度・作柄報告（毎週日曜日集計・翌月曜日発表）									
			土壌水分状況（毎週金曜日集計・翌月曜日発表）									
	全米穀物総在庫（中旬）		作付意向面積 全米穀物総在庫（月末）		作付面積 全米穀物総在庫（月末）			全米穀物総在庫（月末）				
米商務省統計局発表	輸出高報告（毎月中旬、貿易収支発表と同時）											
米気象局（NSW）	6〜10日間予報（毎週月水金）／30日間予報（月央・月末）／90日間予報（月末）											

9項 トウモロコシ

A 商品の特長

　トウモロコシは、メキシコ料理店等で見られる黒っぽい干からびたものをイメージしたほうがよい。

　南米アンデス山麓の低地帯が原産といわれ、マヤ文明では主作物として栽培されていた。トウモロコシの用途は、主にコーンスープや茹でて丸かじりするもの、ではない。これらはむしろ例外的な需要である。

　その約8割は家畜の餌となる。ブロイラーの体重を1キロ増やすためには、トウモロコシ（単独ではなく配合飼料等の形態となるが）2キロ必要で、同様に、豚4～5キロ、牛7～8キロのトウモロコシが必要となる。体重150キロの牛を450キロにしたいとすれば、1頭2.1トン～2.4トンのトウモロコシが必要となる。

　近年中国等アジアの国々の生活水準が向上して肉食が増加してきた。トウモロコシ需要はますます増加する傾向にある。

　飼料以外の用途としては、コーンスターチと異性化糖がある。コーンスターチは段ボールの製造や魚肉など練り物のつなぎに使われる。また異性化糖は、その昔オイルショック時にニューヨークの砂糖価格が1ポンド当たり66.5セントまで上昇、東京粗糖もトン当たり23万円を突破する大暴騰となった。そこで砂糖を使うメーカーはトウモロコシの糖分を利用することとなり、HFCS（ハイ・フラクトース・コーン・シロップ）つまり異性化糖が使われ始めた。今では缶コーヒー・清涼飲料水・コーラ等の甘味料として使われている。また、トウモロコシを原料としてエタノールと呼ばれる工業用アルコールが製造されている。

◆トウモロコシの生産国 (2003年〜04年USDA推計)

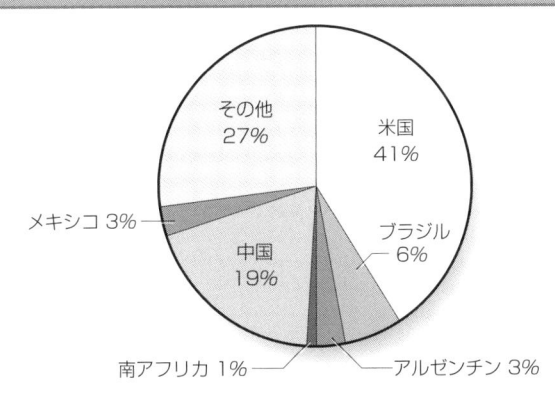

(千トン)

米国	ブラジル	アルゼンチン	南アフリカ	中国	メキシコ	その他
255,540	37,500	16,000	9,000	118,000	19,000	166,690

円グラフ:
- 米国 41%
- その他 27%
- 中国 19%
- ブラジル 6%
- アルゼンチン 3%
- メキシコ 3%
- 南アフリカ 1%

　トウモロコシの供給は主に米国である。世界の4割強を生産し、世界の輸出量の7割弱を供給している。中国が2割の生産でほとんどが国内消費に回る。アルゼンチンは米国に次ぐ輸出国である。EUも三番目の輸出国とされている。輸入は日本が2割強で最大、次いで韓国、メキシコ、台湾などとなる。

B 主な価格変動要因

① 比価

　トウモロコシも大豆と基本的に同じである。生産地はコーンベルトと呼ばれる米国中西部である。作付け時期や開花・着サヤ時期も大豆とほぼ同じで、米国農家はどちらを植えるかを畑地の具合と、春先の価格等によって決める。大部分の農家はトウモロコシと大豆を交互に作付けする輪作（Rotation）を行っている。また全部の畑が同じ被害にあわないように、一度に全部の畑に作付けせず、時期をずらせて作付けする。

作付けの時期は大豆より早く、4月中旬から5月中旬。6月初旬がタイムリミットで、トウモロコシの作付けが遅れると、大豆に切り替える。トウモロコシの生育期間のほうが大豆より長いからだ。トウモロコシの作付けの遅れは単収（単位当たり収量）の減少につながる。またトウモロコシは気温が10℃以下では発芽しないので、作付けが早過ぎると降霜などの低温障害のため生育が遅れることがある。

② 天候相場

生育段階は大豆とおおむね一緒である。4月の低温障害や、6月初旬以降の作付けの遅れが生育状況に影響することを念頭に置く必要がある。7月初旬に受粉するため高温乾燥は禁物である。適度な雨量が必要となる。

9月頃に霜が降りると外見はトウモロコシだが、中身が貧弱なものができる。11月には収穫が終わるが、長雨などにたたられると収穫が放棄され、収穫放棄面積の規模で相場が動くことがある。

③ 需給相場

収穫がすむ頃から需給相場が始まる。大豆と同様に、需給相場では、中国やブラジル、アルゼンチンの生産動向が注目される。

【トウモロコシ特有の用語解説】
＜タッセリング（Tasseling）＞　トウモロコシの穂が出る時期、作付け後35～40日頃。
＜シルキング（Shilking）＞　トウモロコシの毛が出る時期。タッセリング後、通常6月後半から8月前半までに、将来実が付く部分におしべに相当するシルクが形成される。
＜ポリネーション（Pollination）＞　受粉。7月初旬から8月上旬、

最大のエネルギーと水分を必要とする受粉期に突入する。花粉がめしべにうまく付着するためには、適度な湿度（十分な水分）があることが条件となる。あまり高温だと受粉に失敗し、実の付かないトウモロコシとなる。

<ミルク・ステージ（Milk-Stage）> 受粉後2～3週間の時期。

<ドウ・ステージ（Dough-Stage）> 生育段階。初期のミルク状の穀粒が徐々に柔らかい固まりになっていく過程。この時期に早霜があるとソフトコーンになってしまい、生産高が大幅に減少する。

<デント・ステージ（Dent-Stage）> ミルク状の穀粒が歯（デント）のように固くなっていく段階。

[コラム] **穀物年度**

米国の穀物年度は、毎年9月から翌年8月までを示す。したがって2003～2004年度というときは、2003年9月から2004年8月までの期間を意味する。たとえば2003年7月に発表された2003年～2004年度の需給統計で年度末在庫というのは、2004年8月末にあるであろう在庫量を予測したものである。それは未知の数字であるので、USDAや民間予測機関が、2003年9月以降に収穫される数量と、その後の需要を見通した上で推測する2004年8月末の在庫量のことである。

10項 コーヒー

A 商品の特長

　コーヒーの生まれ故郷はエチオピアといわれる。「六世紀頃、アビシニア高原の山羊飼いカルディは、山羊の群れが牧場地核の赤い木の実を食べたあと、騒がしく興奮状態になっているのを発見した。不思議に思ったカルディは、近くの修道院の僧にこのことを話し、一緒にその赤い実を食べてみたところ全身に活力がみなぎり、気分が爽快になった。早速かれは、夜の勤行のときに居眠りする他の僧侶たちにこれをすすめてみると、居眠りすることなく勤行に励むことができるようになった」という伝説がレバノンの言語学者ファウスト・ナイロニの「眠りを知らない修道院」（1671年）に記されている。

　他にも1258年アラビアの回教徒シェーク・オマールのいい伝えもある。いずれにせよアフリカから始まったこのコーヒーはアラビア半島に伝えられ、煎じて飲まれるようになった。やがて、1510年カイロ、1530年ダマスカス、1554年コンスタンチノープルでコーヒー店が誕生した。そしてベネチア経由でヨーロッパに伝えられた。

　イギリスにコーヒーハウスが誕生したのは日本では江戸時代の1650年のことである。米国ボストンには1697年「グリーン・ドラゴン」というコーヒーハウスができた。

　「ボストン茶会事件」は、オランダやフランスに敗れたイギリスが、紅茶に転向。「茶条例」を施行して輸入紅茶を独占し、価格を大幅に上げ、重税を課した。これが植民地アメリカの急進派の激しい怒りを買い、1771年人々はインディアンに扮そうしてボストン港に停泊中のイギリス

東インド会社の船舶を襲い、貨物に積んであった紅茶342箱を海中に投げ捨ててしまった。これ以降、アメリカは紅茶からコーヒーに転向した。

日本には1641年長崎出島のオランダ商館で飲まれ、オランダ人と接触のできた役人や商人、通訳、遊女の口を湿した。明治16年に建てられた「鹿鳴館」ではコーヒーがもてなされた。最初のコーヒー店は明治9年である。

コーヒーを栽培している国は世界で60ヵ国以上ある。赤道を中心に南北緯25度以内の熱帯または亜熱帯を含んだ地域がコーヒーベルトと呼ばれる。

コーヒーにはアラビカ・ロブスタ・リベリカの3種類がある。通常喫茶店で飲むものはアラビカ種といわれる。世界総生産の7割を占める。エチオピア原産で高温質に弱く、また、5℃以下の低温が続くと降霜降雪の被害を受けやすい。気温15℃～25℃、標高500～1,000メートルの耕地で栽培される。主要産地はブラジル・コロンビアなどの中南米諸国、エチオピア・グアテマラ・インド等。

ロブスタ種は、原産はアフリカのコンゴ。多くは標高600メートル以下の低地で栽培される。気温湿度とも高めで、アラビカ種はサビ病に弱いが、ロブスタ種は強い。主要産地はインドネシア・ベトナム・コート

◆**コーヒーの生産地** (2001年～2002年USDA)

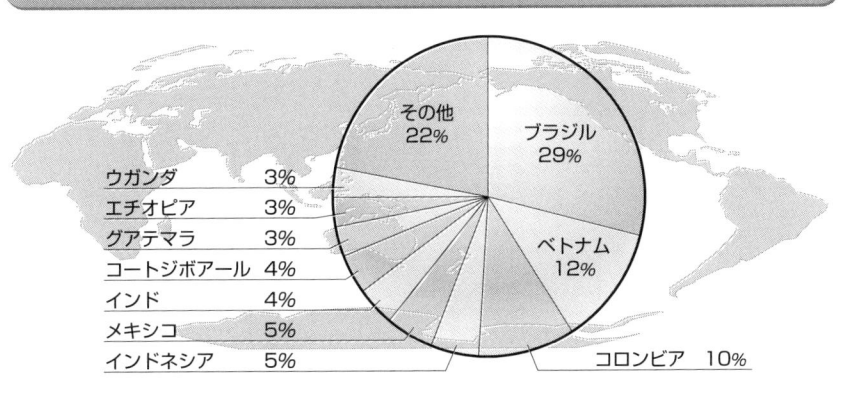

国	割合
ブラジル	29%
ベトナム	12%
コロンビア	10%
インドネシア	5%
メキシコ	5%
インド	4%
コートジボアール	4%
グアテマラ	3%
エチオピア	3%
ウガンダ	3%
その他	22%

ジボワール・ウガンダ・タイなど。

ロブスタ種はもっぱらインスタントコーヒーや缶コーヒーに使われる。

アラビカコーヒーは東京穀物商品取引所以外にはニューヨークのコーヒー・砂糖・ココア取引所（CSCE）また、ロブスタコーヒーはロンドンの国際金融先物・オプション取引所（LIFFE）に上場されている。これ以外にもブラジル商品先物取引所（BM&F）等がある。

B 主な価格変動要因

① 降霜・降雪

大豆やトウモロコシのような一年草と違って、コーヒーは木の実を取る多年草である。木から生豆（グリーン・ビーンズ）ができるまで約3年かかる。木が枯れてしまうからだ。ブラジルではパラナ州などの高地で栽培される。降雪は7月～8月にあり、降雪にあうと葉は茶褐色に変わり、樹木全体が枯死にしてしまう。

コーヒーの収穫時期は5月なので7～8月の降雪や霜害による影響は、その年の生産量というよりは翌年以降の生産量に影響する。過去にあった降雪や降霜の害は以下の表の通りである。それほど頻繁に起っているわけではない。

◆ブラジルのコーヒー園が降雪・降霜の被害にあった年

	5月	6月		7月		8月
壊滅的				1975年 7月18日		
深刻		1981年 6月18日	1994年 6月25日	1994年 7月10日		
軽微	1979年 5月31日	1963年 6月22日	1964年 6月28日	1972年 7月9日	2000年 7月18日	1978年 8月15日

② かんばつ・洪水

かんばつや洪水、あるいはエルニーニョによる天候異変は収穫高に影響を与える。一般的に、農産物の天候異変は、もっぱらかんばつである。多雨の場合は、作業が遅れるという影響に過ぎず、2003年夏の中国の長雨のように、畑を押し流してしまうほどの洪水でないと農産物への影響は少ない。

③ 病害

コーヒーの場合、「さび病」が恐れられている。最初黄色い斑点が見え、次第に大きくなり褐色となる。やがて範囲を拡げ、濃褐色になっていくうちに、葉は黄色く変色して落ちてしまう。菌の繁殖力が強いため汚染地域が拡がりやすい。

④ 需給統計

米国農務省（USDA）、国際コーヒー機関（ICO）、ドイツのF・O・リヒト社、コーヒー生産国連盟（ACPC）等が需給統計資料を発表している。USDAは毎年6月と12月に需給発表する。

在庫統計はCSCEの認証在庫あるいは、ニューヨークグリーンコーヒー協会発表の米国コーヒー港湾在庫統計が有用である。農産物は貴金属ほどはっきりした需給統計が少ない。USDAがかなり多くの資料を発表しているが、米国中心の資料であり、世界の需給を表現したものが少ない。世界各国の需要と供給を正確に現す統計資料は見当たらないといってもよい。そこで、需給動向の掌握する鍵が在庫の推移となる。在庫は需要と供給のバランスを現すものである。だから在庫が増えれば価格は下がる。

Ⓒ 関連情報サイト

- USDA
    http://www.usda.gov/
    http://www.usda.gov/nass/pubs/pubs.htm

- 南米の天気（Intellicast）
    http://www.intellicast.com/Local/IntlLocalWide
        .asp?loc=sbbe&seg=LocalWeather&prodgrp
            =SouthAmerica&product=SouthAmericaHIRES
                &prodnav=none

- 全日本コーヒー協会
    http://coffee.ajca.or.jp/

- 国際コーヒー機構（International Coffee Organization）
    http://www.ico.org/

4章

商品先物取引はなぜ必要か

1項 商品先物取引のおもしろさ

　商品先物取引のおもしろさとは、未来を予測する楽しさである。また、自分が立てた予測がすぐ現実となってはっきり答えが出るところであろう。そして予測が当たれば自分の資産が増え、予測がはずれれば損をすることになるという、厳然たる掟があることである。

　そのため、投機家はときに悲運を嘆き、諸行無常の人生の悲哀を感じ、世の中を恨めしく思うこともしばしばだが、予測が当たったときの快感、充足感は言葉にいい表せない。生き甲斐を感じさせてくれる。命のやりとりほどではないにしろ、資産をかけた真剣勝負であるだけに、この予測ゲームのスリルとサスペンスはしびれさせる。この感覚を無条件におもしろいと感じるのは私だけであろうか？

2項 投機とギャンブルの違い

　これらの感覚を博打と同じと思われる方も多いかもしれない。しかし、商品先物取引は、次の三点で博打とは異なる。
　第一点は、商品先物は社会に必要な仕組みであること。商品先物投資に参加することは社会的に意義があること。
　第二点は、商品先物取引投資は、純粋な経済活動であること。もしこれを博打と同列に並べるのなら、メーカーが次の時代に何が売れるかを予測して新商品を開発することも博打であるといわざるをえない。未来を予測して、予測が実現する方向に投資するということは、一般企業が行っている経済活動と全く同じであり、証券投資と同様に、商品先物取引は、投資という経済活動を、極限まで単純化して行う経済的行為である。
　第三点は、ギャンブルとは違うということ。ギャンブルは、結果が「偶然」に左右される行為である。勝算の裏づけがないところで賭けることである。一方、投資や投機、トレードは、偶然をできるだけ避け、計算されたリスクを追う点が異なる。サイコロの目は偶然の産物である。商品の価格は、需要と供給で必然的に決まる。

3項 市場

1 大阪堂島米会所の成り立ち

　商品先物取引は、江戸時代の享保15年（1730年）大阪の堂島において米会所という形態で始まった。八代将軍徳川吉宗と南町奉行大岡越前守が関与したという。

　享保以前は、米価は異常に高かった。物価は上昇し、幕府財政は破綻に瀕した。吉宗は財政建て直しのために、町人の衣服の制限、私娼の禁止、歌舞伎の制限など矢つぎばやに倹約令を発布した。享保の改革のスタートである。

　新田開発を奨励し、室町時代の3倍の耕地面積となると、さしもの米も余って値段は暴落した。ところが、物価上昇の元凶とされていた米価が下がっても物価は一向に下がらない。その影響は、禄米以外に収入のない武士の生活を直撃した。元禄時代は米一石が銀120匁（もんめ）で売れたものが、享保になると70～80匁に下がり、さらに翌春は28匁まで下がった。とうとう幕府は、それまで米市や米会所を禁止していた方針を180度変えて米価を引き上げるために米相場（先物取引）を公認することになった。それが、江戸商人による大阪永来町による米会所であり、北浜米会所であった。しかしこれらの市場は多額の口銭をむしり取るだけの機能であったので、大阪の商人は困りはて、加賀藩を動かして幕府に陳情した。

　南町奉行の大岡越前守は、吉宗の経済官僚であり、かつ知恵者であったので、先物取引の需給調整機能を熟知していた。そこで、江戸ではなく、大阪に米会所を作ることを許可したのだ。大岡越前守の立場は吉宗

の経済官僚であると同時に、東京都知事の役割も兼ねていたため、江戸ではなく大阪に作ることができた。

「大阪堂島米会所物語」島実蔵　時事通信社

2　イチバという市場

　市場は、古代ギリシア時代のアテネではアゴラと呼ばれ、ローマ時代にはフォーラムといった。これらは一種の流通センターであり、「イチバ」と呼ばれる類である。日本の中世に、市場は、「市庭」と書いたそうである。それは神聖な神々が宿る場所であり、物々交換の場であった。主に神社や寺院の境内が使われたそうである。
　私が香港駐在員時代、中国の山奥に出張したことがある。福建省の福州から9時間汽車に乗り、そこから自動車で6時間ほど、舗装されてない道路を、土ぼこりを上げて走った。道中は閑散として人影少なく、アヒルが飛び出すような片田舎であった。後部座席はよく揺れ弾んで、しっかり革ひもにつかまっていないと天井に頭をぶつけてしまう。
　突然周囲に、人間が現れ始めた。その出現は唐突で、いったいどこからふって沸いたかと思うほどの人並みが瞬く間に車の前方に現れた。するといつの間にか人々は車を取り囲み、その中を、クラクションを鳴らしながら精一杯徐行して走る車窓に、人々の身体がごつごつと当たる。ついに立ち往生した車から身を乗り出して、何が起ったのかと見渡すと、それは「イチバ」であった。
　おそらく物々交換をしているのだろう。人々は道路に広げられた商品を指さしながら、手にぶら下げている商品と比べて、何やら口論している。煙たなびく屋台からは、毛をむしった鶏が吊り下がり、得体の知れない液体を売る前歯の抜けたおばあちゃんがいる。おそらくこうした交易会は月に一度、あるいは数ヶ月に一度開かれて、それは一種のお祭りになるのだろう。日頃の、のどかな日々を送っている人々はこのときと

ばかり、めかし込んで市に現れる。

３　シカゴのCBTとロンドンのLME

　シカゴのCBTという先物取引所も似たような喧噪の中にある。ロンドンの金属取引所もセッションが始まると、フロアーに円形に並んだ椅子に座った12社のリングメンバーは、鉛筆とノートを片手に、取引相手を名指しして売買の成立をせまるが、最後の1分になるとそれらはワーンと鳴り響く怒号に変わる。

４　日本の東京工業品取引所ゴム市場

　残念ながら、日本の商品先物取引所は、証券取引所と同様に、ほとんど電子化され、そうした喧噪とは無縁になってしまった。東京で唯一市場らしきものを見学できるのは、東京工業品取引所のゴム市場である。ここもいずれ電子化される話が出ているので、みなさん機会があれば今のうちに、地下鉄営団日比谷線小伝馬町1番出口から徒歩5分の東京工業品取引所に、ゴム市場を訪ねられたい。

　東工取のゴム市場は、前場9時45分と、10時45分、後場は1時45分、2時45分、3時30分の1日合計5回の立ち会いが、それぞれ5分ほどある。これぞ市場の原型と思われる風景である。残り少ない職人芸の世界である。オークション会場をイメージされれば、だいたい同じであろう。

　フロアーの正面の電光掲示板に、ゴムの取引価格が示され、その価格で競りが始まる。正面に向かって反対側のひな壇には各商品取引員の場立ちと呼ばれる代表者が座り、場が始まると手を振って売り買いの枚数を示す。人差し指1本は1枚、それを横に振れば10枚、丸く円を描けば100枚、四角く回せば1,000枚、手の平を自分に向ければ買い、正面に向ければ売り、等の符丁がある。

70社余りの代表が座って振る手をバードウォッチャーのように読み取る人がいる。どこの会社が何枚売りか買いかを瞬時に読み上げるラッパと呼ばれる人がいる。買い手と売り手の売買枚数を、そろばん片手に計算する人がいる。取引員ごとの売買をコンピューターの端末に機関銃のように叩いて入力する女性がいる。

131円50銭で売り買いの枚数が大幅にあわなければ、電光掲示板の価格は131円40銭に10銭刻みで修正され、再度手が振られる。売り買いの差が少なくなると端上げ（はなあげ）OKという符丁が叫ばれる。大手の取引員が差額を全部さらうと、売買枚数が同数になって価格が決まる。ここでゲキタクと呼ばれる拍子木がたたかれて取引は終了する。

こうした初原的な立会いは、風情があっておもしろい。こうした市場がコンピューターの中に組み込まれ、視覚的になくなってしまうことは、歴史的遺産を喪失するような一抹の寂しさを感じる。

5　ロンドンフィキシング

市場には、大勢の人々が集まるものからロンドンの貴金属フィキシングのように、数社のギルドの中で決まる市場もある。ロスチャイルド銀行の中にある「黄金の間」は、楕円形のテーブルに5つの椅子があるだけだ。ここには、以下の5社の代表が毎日このテーブルに座って取引を行う。

- ● Credit Suisse First Boston International
- ● HSBC Bank USA London Branch
- ● N M Rothschild&Sons Ltd.
- ● The Bank of Nova Scotia Scotia Mocatta
- ● Deutsche Bank AG

午前10時半と午後3時の1日2回の取引において決められた金価格は、AMフィキシング、PMフィキシングという名前で、世界の金現物市場価

格の1つの目安となっている。ニューヨークに貴金属市場ができるまで、世界の金価格はこの小さな部屋で、威厳を持って取り決められていた。

　金本位性の時代に金価格がロンドンで決められることに不満を持った米国は、ニューヨークに金の先物取引所を開設した。それがCOMEXであり、その後NYMEXに吸収合併され、今ではその一部門となっている。2000年9月11日に爆破されたワールドトレードセンターの脇にある。

6 夜間取引

　近年コンピュータートレードが発達し、シカゴのCBT等は夜間取引も行っているため、日本時間でいえば、午前5時15分（現地時間午後3時15分）〜午後9時40分（現地時間、翌朝の午前7時40分:以上は月曜日〜木曜日まで）、日本時間月曜の午前9時から午後9時40分まで（現地時間、日曜の午後7時から翌日の午前7時40分まで）取引ができる仕組みとなっている。

4項 なぜ先物取引が生まれたのか

1 なぜ先物取引ができたのか

　商品取引所法上では、先物取引を次のように定義している。
「将来一定の時期において「商品」及びその対価の授受を約する売買取引であって、当該売買の目的物となっている「商品」の転売または買い戻しをしたときは差金の授受によって決済することができる取引」
　つまり、先物売買にあたって、以下の本質的属性を有するものを先物取引といっている。
　① 商品取引所が定める基準及び方法に従うこと
　② 「商品市場」においてなされること（商品市場に上場されていない商品は先物取引ではない）
　③ 差金決済で売買を結了させることができること
　④ 証拠金制度が認められること
　もう少しかみくだいていえば、商品先物取引は、商品を将来受渡すことを約束する契約を締結するのであるが、一対一の相対取引ではなく、先物市場を通じて行うものであり、そこには一定のルールがあり、参加者はそのルールを守らなければならない。
　そのかわり、契約の履行は原則として保証されている。また、受渡し期限が来たら、商品の現物を受渡してもよいが、期限到来以前に、商品価格の差金を支払うことにより、契約を解除することもできる。
　さらに、代金の総額を払うのは商品の受渡しのときだけであり、それまでの間は代金総額の一部を契約履行の保証金として拠出するだけでよい。

取引所で行う意味は、
① 特定の場所で、
② 特定の時間に、
③ 売買取引する人間が一同に介して、
④ 一定の商品について、
⑤ 価格・数量・受渡し時期を取り決める。
⑥ 取り扱われる商品の品質は規格化され、
⑦ 取引のルールが標準化され、
⑧ 取引を監視する職員が配置され、
⑨ 取引所を通じて行った取引の契約履行・決済は原則として保証され、
⑩ 取引所で取引された価格等取引の内容は、公表される。

こうした取引所が必要になった経緯をシカゴの穀物取引所の成り立ちで見てみたい。

2 シカゴの穀物取引所の成り立ち

〈19世紀後半のシカゴの状況〉

米国中西部の開拓地帯で生産された穀物は、五大湖の最南端に位置するシカゴを中継地点として取引された。シカゴは1837年人口4,107人の町に発展した。

当時は需要と供給の不均衡は当たり前であった。穀物は買い手が不足して、路上に捨てられるという光景もしばしば見られた。

年によっては収穫量が極端に落ちて品薄になることもあった。また、1年の中でも収穫期には供給過剰となるが、端境期(はざかい)には、供給が足りなくなることもあった。そんなときは価格が上昇し、食料不足で苦しむ人が出るほどで、商売に必要な原料を確保できずに破産する商人もいた。農家では農作業の道具や資材、繊維などを購入するための収入にも困る家

もあった。

　輸送の障害は大きな問題であった。農業地帯からシカゴへの砂利道は、雪や雨で通行困難なときのほうが年間を通じて多かった。馬車で都市まで穀物を運ぶ費用は、収穫までの生産費用とほぼ同じといった状況であった。

　商品が都市に到着しても、貯蔵設備の問題があった。港湾設備はまだ完備されておらず、穀物を東部の市場に船舶で輸送することができないばかりか、東部の市場から中西部に必要な物資を購入してくることもできなかった。

　当時は、需要と供給のアンバランスが大きくて、価格は絶えず大きく変動していた。

〈「先渡契約」の発達〉

　「先渡契約」は、河川を利用して商売していた人々から始まった。中西部の河川沿いに穀物倉庫を持つ商人は、晩秋から初冬にかけて農家からトウモロコシを受け取る。そして冬の間、これを倉庫に貯蔵しておく。トウモロコシの含有水分が一定以下に下がるとともに河川や運河の氷が溶けるまで待っているのだ。

　そこで、冬の間の、価格変動リスクの軽減を図るために、春にトウモロコシを受渡す内容の契約を、シカゴの加工業者との間で結ぶようになった。こうすることによって商人は、取引価格をも確定できるようになった。

　穀物取引が盛んになった1848年、シカゴのある小麦粉の貯蔵所の2階に82人の商人が集まり、シカゴ・ボード・オブ・トレード（CBT）を設立した。その目的は市の商業の発展・推進と売買取引に関与する者が一同に会して、商品を取引する施設の開設にあった。取引所開設当時は、「先渡契約」がもっぱらであった。しかし、この契約形態には欠陥があった。取引商品の品質や受渡し時期について契約内容が標準化されてお

らず、また商人やトレーダーが「先渡契約」に基づく義務をしばしば果たさなかった。

〈取引の標準化による「先物取引」の成立〉
　業者や農家の間で、契約の履行をめぐってしばしば争いが起った。こうした争いを防ぐために、CBTは1865年穀物取引を標準化した。その結果「先物取引」が生まれた。
　「先渡取引」と「先物取引」の違いは、「先渡取引」が一対一の相対取引で、その契約内容は相互に自由に取り決められるかわりに、契約の履行は、お互いの信用の上に成り立つ取引である。一方「先物取引」は取引がルール化され、品質や量、受渡し時期と場所が標準化されている。
　契約内容が整備されると同時に、買い手あるいは売り手の契約不履行防止策として証拠金制度が導入された。この制度によりトレーダーには契約不履行を保証する意味で、取引所あるいは取引所の関連機関に一定の資金を預けることが義務づけられた。
　その後、穀物の容量測定方法がより正確な方法に変わり、重量検査も行われるようになった。取引にかかわるさまざまな行為も追加的に標準化された。契約内容も洗練され、取引規則の制定や生産及び帳入れ（記帳や決済）の方法も確立された。
　市場にスペキュレーター（投機家）が出現するようになると、取引の有効性はさらに高まった。弁護士や医者など穀物取引とは無関係の人々が値動きに興味を抱き、投機的に先物市場に参加し、売買を通じて利益を狙う。投機家が売買を繰り返すことにより、それまで成立しなかったような取引も約定するようになった。すなわち、投機家の出現で市場の流動性が増し、価格変動も小さく抑えられるようになった。
　1900年代の後半から20世紀初めには、新しい取引所が設立され、綿花、バター、卵、コーヒー、カカオなど、より多くの商品が取引されるようになった。

米国が農業中心の経済から移行するにつれて、先物取引の出来高や多様性が増した。従来の農業生産物の先物に加え、貴金属や工業生産物・加工品、さらに貯蔵できないような商品までもが先物取引の対象となった。

　米国で、先物取引の法律が最初に作られたのは1936年の商品取引法である。

　その後、先物市場をまさに劇的に成長させ、輝かしい発展につなぐ1つの動きが起った。金融先物の登場である。

「入門先物市場のすべて」エム・ケイ・ニュース社

5項 商品先物取引はなぜ必要か

　このようにして生まれた商品先物取引の社会的意義は3つある。
　1936年米国で最初に作られた商品先物取引に関する法律に、明確に書かれている。その内容は以下の通りである。
　「商品取引所で売買され、商品の将来の受渡しを内容とする取引で、《先物》として知られている取引は、国民全体の利益に影響を及ぼすものである。先物取引は通常、一般の人々及び州を超えて交わされる商業としての商品、生産物、その副産物の売買に関与する人々によって、大量取引の形で行われている。これらの取引において成立する価格は、米国国内及び諸外国にも発信されていく。そうした価格情報は商品、生産物、副産物の生産者価格や消費者価格の決定過程において指標となり、また商業の円滑な推進に資するなどの効果がある。先物取引は州を超えて商業に従事する運送業者、仲買業者、製粉業者そして商品、生産物、副産物の売買に従事するその他の人々が、価格変動に基づき生じ得る損失をヘッジする目的で利用している」
　この米国最初の先物に関する法律には、商品先物取引の社会的存在意義として、要約すると次の2つをあげている。
　　a　公正な価格の形成機能
　　b　リスクヘッジ機能
　そして、この条文にはないが、商品先物取引はもう1つの側面を持っている。
　　c　資金運用手段
　商品先物取引の主な社会的存在意義は以上であるが、さらに、これを有効活用すれば、後で述べるような、在庫機能、金融機能等がある。

5章

公正な価格の形成

1項 商品先物市場が仮になかった場合はどうなるか

　コメの場合、現在のところ先物市場がない。しかし、青田買い、つまり先物取引は現実に行われている。

　たとえばスーパーA社の購買担当者が、春に新潟の農家を訪れ「この田んぼで秋にできるコメを全部買います」と申し出、農家がそれを受けたとしよう。これは先物取引（厳密には先渡取引）だが、このときの価格ははたして公正だろうか？

　仮に農家がその価格では不満だとして「もっと高く買ってほしい」といえば、A社の担当者は「それならけっこうです。秋田小町もあるし、ひとめぼれもあるから」とよそで買うことをほのめかすだろう。

　買い手のスーパーの購買担当者数が農家の数より圧倒的に少ないため、価格交渉はA社に有利に働くだろう。需要と供給の量の違いに関係なく、売買当事者の力関係によって価格が歪められがちである。

　仮にここにコメの先物市場があると仮定する。農家がスーパーの価格が安過ぎると思えば先物市場で売ればよい。A社は先物市場価格を無視して価格を提示することはできなくなるだろう。

　大豆やトウモロコシを生産する米国の農家は、シカゴ等の先物市場で決められた公正な価格で販売しており、その価格は全世界の人々が納得する価格となっている。安過ぎると思えば買う人が多くなり、価格は上昇するし、高過ぎれば誰も買わずに価格は下落する。

2項 価格をコントロールしようとした人々

1 生産者価格（PRODUCER PRICE）

　生産者（メーカー）は自己の製品価格をコントロールしたがる。これは経済活動として当然の行為だが、生産者の希望通りの価格では売れないのが、これもまた経済活動である。

　1つの例として、アルミ地金の場合、カナダのALCAN社やその子会社の日本軽金属は、アルミ地金の大手製錬メーカーである。1970年代生産者価格（建値:たてね）を毎月発表していた。彼らが販売するアルミ地金はこのPRODUCER PRICEを中心とした価格で取引されていた。

　当時は生産者が原料を買付け、電気代等の副資材を使い、人件費や運賃などの経費と適正利潤と呼ばれる利益を足した、コストプラス利潤を基礎に決められた価格によって販売されていた。

　これはメーカーにとってはこの上ない理想の販売形態である。一種のカルテルのようなもので、他の大手メーカーも、この価格に追随して自社の価格としてきた。大手メーカーにいわせれば、安定供給のための投資や商品開発費用を賄う必要があるのだから、これくらいの利潤があって当然であるという価格設定である。当時はアルミ地金の消費者にとって生産者価格は絶対であり、消費者に選択の権利はなかった。どこのメーカーから買っても同じ価格を提示されたからである。メーカーは互いに市場をALLOCATE（割り当て）するだけでよかった。

　ところがその後、先進国、特に日本のように電力費が欧米より10倍以上高い国で、電気の缶詰めといわれるアルミ地金を作るのは困難になってきた。一方、ベネズエラやドバイのように、原油や天然ガスを安く手

に入れることができ、電力費の安い国がアルミ地金の生産を始めた。彼らは生産コストが安いため、PRODUCER PRICEを下回って輸出するようになった。

　困った大手アルミ精錬メーカーは、世界的なカルテルを組み、安いアルミ地金を生産者が自ら買い占めたり、安いアルミ地金を供給する精錬メーカーから購入する消費者には、供給しないと宣言して嫌がらせ等をして、いろいろな手段で価格を維持しようとした。

　しかし1978年、LMEにアルミ地金が上場されると、LMEでアルミ地金が自由に取引されるようになり、開発途上国のメーカーはLMEに生産物を持ち込めばいつでも売却できることになった。やがて、消費者はPRODUCER PRICEを無視するようになり、また生産者はPRODUCER PRICEをLMEの相場とかけ離れて提示することができなくなった。

　ついに1984年ALCAN社はPRODUCER PRICEを廃止するに至った。価格は市場の原理にゆだねられた。その後、ALCAN社はLMEに持ち込めばいつでも生産したアルミ地金を売却できるという利点を利用して、LMEを有効に活用している。

　ところで、市場価格は、冷酷な性格を持っている。価格は売りたい人の供給量と買いたい人の需要量、つまり需給バランスによって決まる。たとえ生産者が「そんな販売価格では人件費も出ない」と悲鳴を上げ続けても、供給過剰の場合は、長年にわたって安い価格が続く。経験的には、生産コスト割れの相場も数年続くことがよくある。価格が上昇に転じるのは、生産コストを削減できない実力のないメーカーが倒産し、淘汰されて始めて需給が改善され、価格は上昇に転じる。

2　再販価格

　商品の価格は、いろいろな形でコントロールされている。

　たとえばその昔、資生堂は化粧品の小売価格を配下の卸売店、小売店

に指示していた。しかし、公正取引委員会からこれらの指示は独占禁止法第24条に規定される再販価格維持行為に該当すると指摘を受け、今では資生堂等の化粧品メーカー等は、価格を「小売希望価格」という形でしか表示していない。

松下電器とダイエーの戦争は有名である。松下電器は自社の電気製品を全国の販売代理店に卸す際に小売価格を指示していた。安売りを標榜するダイエーは、松下ブランドの電気製品を安売りした。

松下電器は、価格を維持するために、ダイエーへの納入をストップした。ダイエーは松下電器を扱う他の卸売り業者から仕入れて安売りを続けた。松下はダイエーで売っている電気製品の製造番号を調べ、どこの卸売り業者がダイエーに横流ししているかをつきとめた。ダイエーは対抗して、製造番号をすべてヤスリで削り取って販売した。

こうした戦争の末に、松下電器はついにダイエーの販売力に屈し、和解して納入するようになり、ダイエーは独自の価格政策をとったと聞く。

3 買い占め

有名な買い占め事件としてはハント一族による銀の市場操作がある。ハント兄弟は1978年初め、米国ニューヨークのCOMEX市場でUSドル5/oz当たりから銀を買い始め、79年末にはUSドル29/ozまで買い上がった。当初の目標はUSドル15/ozであったといわれたが、折からソ連がアフガニスタンに侵攻したため価格はさらに上昇し、一時的にはUSドル48/ozまで急騰した。ハント兄弟は石油で儲けた資金をつぎ込み、買い進んだ。

ところが、価格が10倍近く値上がりすると、銀食器や燭台等を骨董価値で購入し、鋳直して先物市場で受渡しても、コストが見あうようになった。そのため、世界中から大量の銀のスクラップが発生してCOMEX市場に持ち込まれた。そして翌年中にはUSドル13/ozに急落した。結局、

ハント一族は暴落時の損失に対する追証が払えず破産した。

ハント兄弟が買い占めできなかった主な理由は、2つある。

1つは銀の市場規模を小さく見積もりすぎたこと。先物市場における銀の出来高は他の商品に比べて少なく、一見簡単に買い占めできそうに見えた。しかし、買占めによりどんどん価格が上がるにつれ、世界中から銀を市場に売る動きを誘ったのだ。結局、COMEXの銀市場を制覇できても、世界の銀を買い占めることはできなかった。

もう1つの理由は、公正な取引を確保することを主命とする取引所COMEXは、何度も理事会を開いてマージンコール（証拠金）を増やしたり、取引値幅制限を頻繁に変更した。ハント兄弟は取引所の規制に負けたともいえる。

ハント兄弟以外にも、多くの人々が相場を操縦しようと挑戦した。しかし、歴史的に、相場を操縦しようとした人々の大部分がことごとく失敗している。市場はそれほど手ごわい。

なお、相場操縦は法律違反である。不正な相場操縦は商品取引所法第88条により禁止されており、具体的には、仮装取引、なれあい取引等の規定があり、罰則としては5年以下の懲役または500万円以下の罰金とかなり重い量刑が課されている。

4　統制価格

もう一度コメの例を上げる。日本は食糧の80%以上を輸入に頼っている。せめて主食のコメだけは自給したいという願いから、以前は「食糧管理法」という1942年に制定された法律があった。この法律の目的はもっぱらコメを作る農家を保護し、主食たるコメを安定供給するためであった。

政府が農家の作ったコメを買い上げ、また、コメを流通させることのできる人々を制限していた。当時は米穀通帳という通帳を持っていない

とコメを買うことができず、正規の流通ルートを経ないコメは「闇米（やみごめ）」といわれた。そしてコメの値段は、政府が決めていた。

ところが、農家は作ればすべて売れることからどんどん増産し、政府が買い上げるコメは倉庫に山積みされた。そして、古米、古々米と呼ばれる長期在庫が貯まり、品質が落ちたにもかかわらず、統制価格のため、価格は一定に保たれた。消費者は不満を持っていたが、当時、消費者運動は未だ市民権を得ていなかった。

◆食糧管理法と食糧法の違い

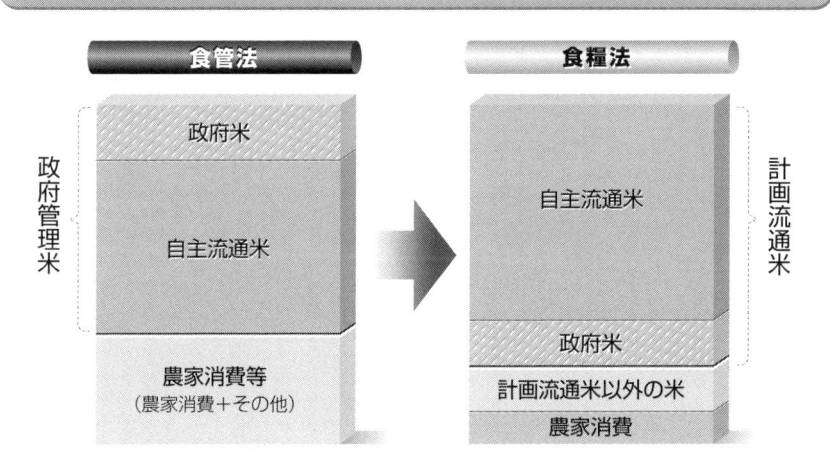

食管法	食糧法
政府管理米：政府米／自主流通米	計画流通米：自主流通米／政府米
農家消費等（農家消費＋その他）	計画流通米以外の米／農家消費

しかし1993年夏の最高気温は8月下旬まで20℃台が続いた。この冷夏によりコメは不作となり、古々米を出しても一時的にコメが足りなくなるという事態が発生した。当時カリフォルニア米やオーストラリア米は、日本のコメと同じような品質を持つように改良され、味に遜色はなくなっていた。政府が不足のコメを緊急輸入することを許可するや否や、「外米（がいまい）」といわれた少々パサパサの中国米やタイ米、あるいは米国、豪州から、コメの輸入が開始された。

これをきっかけに平成7年食糧管理法は廃止されて食糧法が制定され

た。そして、コメは一定の条件を満たせば誰でも自由に扱うことができるようになった。それまで政府が買付ける政府米の米価が指標となっていたが、自主流通米を主流とするようになり、この価格は自主流通米価格形成センターにおける入札で決められ、それが計画流通米（コメの生産は政府が需給見通し、生産調整、備蓄の運営、輸入などについての基本計画を策定し、この計画に基づく需給と価格の安定が図られている）の指標となった。これにより、価格は民間の入札で決められることとなった。

◆現在の米の流通経路

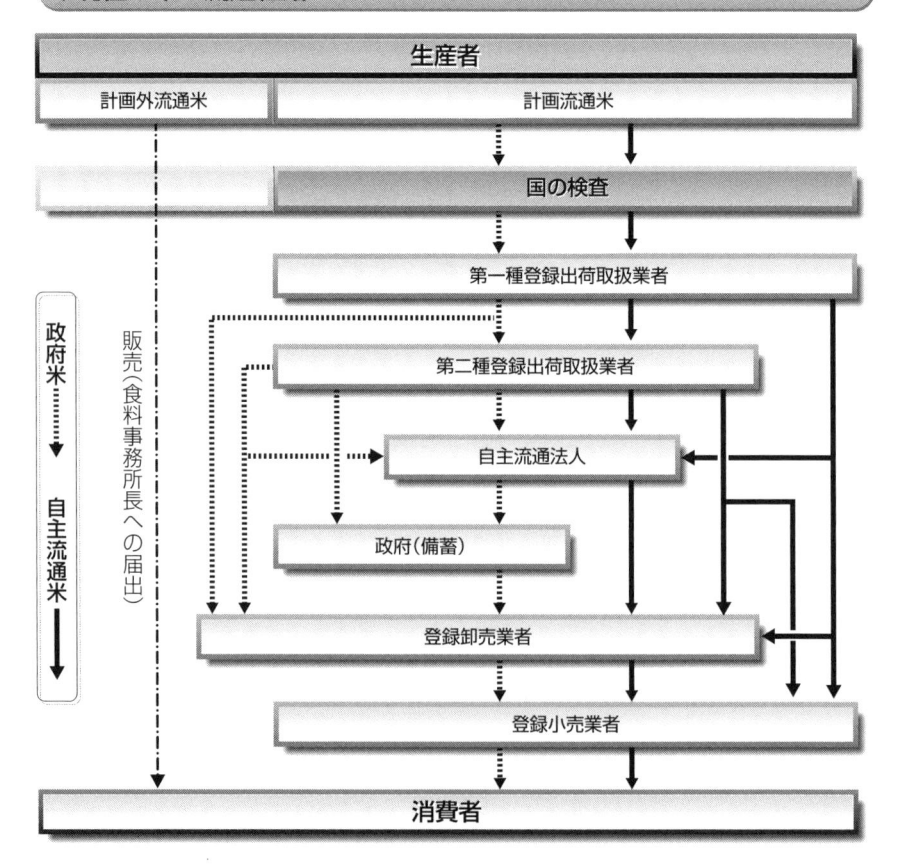

```
                    生産者
    ┌──────────┬────────────────────┐
    │ 計画外流通米 │      計画流通米       │
    └──────────┴────────────────────┘
                         ↓
                      国の検査
                         ↓
                 第一種登録出荷取扱業者
                         ↓
                 第二種登録出荷取扱業者
                         ↓
                   自主流通法人
                         ↓
                    政府（備蓄）
                         ↓
                   登録卸売業者
                         ↓
                   登録小売業者
                         ↓
                     消費者
```

政府米 → 自主流通米

販売（食料事務所長への届出）

しかし、近年、農協の影響力が強い自主流通米価格形成センターの価格は、コメが余っていてもそれほど下がらないことや、コスト高や需給に応じた価格の弾力性に乏しいことから、計画外流通米が年々増加している。計画外流通米とは、産地からの直販やコメ卸が産地から直接買付ける流通ルートである。平成12年度には計画流通米482万トンに対し、計画外流通米は318万トンに達している。これは、左図のように計画流通米の流通経路が複雑でたくさんの卸売り業者等がからんでいることにも関係がある。

要は、コメの価格は計画流通米の約3分の1に当たる量が入札で決められ、その価格を基準に残りの計画流通米の価格が決められている。またこの他に、政府米の価格が米価審議会で決定されている。

しかし、最近ではこの正規の価格形成過程から離れて、直接取引による価格形成が増え始めている傾向があるということである。

生産者も、スーパーや大手ファミリーレストランチェーン等を顧客に抱える卸売業者も、何とかして価格をコントロールしたいと思っている。双方の思惑が、ときにゆがんだ価格形成となるため、農林水産省では現在、2004年度食糧法を再度改正する検討をしており、公正な価格形成のための現物市場や先物市場の創設も議論の俎上に上っている。

5 共産主義

さて、この一連の制度をさらに発展させたのが社会主義国の統制経済だろう。旧ソ連や東欧諸国では計画経済が実施され、予め予算化された生産が行われた。生産コストは考慮されず、官僚が見積もった価格と、需給の変動を無視した数量が生産された。生産ノルマは、品質よりは「数量」を重視したので、とにかく予算通りの数量を作ることが奨励された。

しかし、戦後50年の流れの中で、そうした中央集権的な集団生産方式

は、生産性の向上や品質の改良が少ないという点で、欧米の資本主義社会で生産された商品に、品質や価格の面で凌駕されるようになった。生産物を平等に分配するという理想は、怠惰を生み、働いても働かなくても収入は変わらない世界では、生産の合理化やコストダウンをしようという意欲が生まれてこなかった。

結局、共産主義国家では、慢性的な品不足と、商品があっても粗悪品である状態が続き、経済は破綻し、輸入品にあこがれる人々は闇経済に走った。そして1989年ベルリンの壁は崩壊した。

未だに社会主義を標榜している中国の場合、共産党の一党独裁という政治制度はうまく守りつつ、人民の暮らしは、国営とは名ばかりの私企業が大手を振り、土地の私有も認められ、鄧小平は市場を諸外国に開放し、市場経済つまり競争の原理を導入した。人民が平等であるはずの社会主義経済の下で、貧富の格差が急速に生まれている。

[コラム] 中国人とロシア人

私は香港に6年駐在して華僑や中国大陸の人々と取引を行った。また、プラチナ属金属を扱っていたときは、パラジウムの主産地であるロシアには、何度も足を運んだ。そうした経験の中でロシア人と中国人の違いを次のように感じた。

ロシア人は朴訥で人がよい。だから、私が頻繁に出張した10年ほど前、地方のロシア人は、しきりに共産主義の時代を懐かしがっていた。いわく、「昔は並んでさえいればパンにありつけた。教育費は無料だし、医療費もいらない。働いても働かなくても飢えることはなかった。それがどうだ今は。働かないと食っていけない。ああ情けない。どうしよう」という声を聞いた。そんな中でロシアマフィアといわれる「すばしっこい人たち」が次々と政府の利権を安く払い下げてもらい、政治と経済の黒幕になりつつあった。

一方、私が香港に駐在したのは1986年から91年であるが、香港に赴任した当初、警戒厳重な深センの国境を越えて中華人民共和国に入ると、皆人民服を着て暗いムードの国であった。今のように、中国本土に自由に出入りできる雰囲気はなく、中国内にいるとずいぶん緊張したものだ。しかし、彼らは当時から、公私の別を使い分けていた。共産党員という「公の顔」と、一族という「私の顔」である。面従腹背、長年の政権交代につき従ってきた中国人は、ロシア人よりはるかに「したたか」のようだ。

当時、中国全土から町や村の単位で香港に一族の代表者を送り込んでおり、自由経済の香港に会社を設立して内地との取引を中継していた。その役目は取引の仲介をすることで手数料を香港に残すことだった。そのリベートは、内地へのおみやげや「そでの下」に使われていたと想像される。中国は、当時から共産主義ではなかったのではないかと私は思う。国有企業といえども、工場長は裕福で、国家のためというよりは私的財産をため込んでいたのではないだろうか。中国人は根っからの経済人であると思う。

3項 市場経済

1 私設市場と公設市場

　買い占め、生産者カルテル、国家による統制等、さまざまな人々が価格をコントロールしようとしてきた。しかし、そのいずれもが失敗した。また、人々の生活を豊かにする経済の発展は、厳しい競争原理が機能する市場が形成されて初めて、成し遂げられるという真理が、歴史を通じて証明されてきた。

　それが市場経済であり、その中の重要な機能として公正な価格を形成する先物市場がある。商品先物市場とは、自然発生的なものとは少し異なる。なぜなら、そこでは公正な価格を形成する仕組みが必要だからである。そのために、法律が制定され、その法律にしたがって取引所が設立され、取引のルールが標準化され、許可を受けた会員だけが取引を行える場が設定される。

　日本における先物取引は、以下の3つの法律のいずれかに準拠しなければならない。さもないと私設取引所で取引を行ったとして刑罰を受けることになる。

- ●金融先物取引法
- ●証券取引法
- ●商品取引所法

　現行の商品取引所法上では、私設先物取引所を開設した者は、3年以下の懲役または300万円以下の罰金となる。

　2004年春に商品取引所法が改訂されると商品デリバティブ市場の開設を商社などの企業に解禁される見込みである。

現在、国内公設市場は一般投資家を含めた不特定多数の参加を前提にしており、さまざまな商品を簡単に上場することができない状況にある。そこで経済産業省と農林水産省は、実需家と金融機関や商社の間で個人の参加を認めない先物やスワップ等のデリバティブ市場を、インターネットを利用して作ることを認可や届け出で行えるようにしようというもの。ただ、この私設市場には、1つだけ問題点がある。こうしたメンバーに限定されたクローズドマーケットにおける取引は、流動性に欠けるきらいがあるということである。

　しかし、多くの先物取引が活発化して、ヘッジやスワップ取引が盛んになることは日本の先物市場の発展にとって、よいことである。私は、日本の先物取引は、増大することはあっても、なくなることはないと確信する次第である。

2　三つ巴の戦い

　先物市場には、その商品を業として扱う「当業者」に加え、多くの「投機家（スペキュレーター）」と「裁定取引業者（アービトラージャー）」が三つ巴になって、適正な価格を追求している。裁定取引では、先物市場間や異限月間のサヤを取ることによって、価格の平準化が行われる。こうした三者の動きが何の支障もなく行われることによって、商品先物市場において、透明で公正な価格が形成される。

6章

よくわかるリスクヘッジ機能

1項 当業者にとっての先物市場の利用の仕方

　商品先物取引所に上場されている商品を業として取引をする当業者にとって、先物市場には以下の役割がある。
　●価格変動リスクヘッジ機能
　●換金機能・実物取得機能
　●在庫機能・金融機能
　日本の商品先物市場は当業者の参加が欧米に比べてかなり少ない。その原因はやはり商品先物取引に対する偏見からきているのではないだろうか。
　もう1つの理由は商品先物の利用の仕方を知らない人々が多いことがあげられる。総合商社がその機能を独占してしまい、顧客は総合商社に任せきりにして勉強しないという状態なのかもしれない。
　また、貴金属価格のように、第二次大戦後から1980年代まで一貫して価格は右肩上がりに上昇してきた。そのような一方的な価格上昇局面では、ヘッジしないことが正解であった。ヘッジすればするだけ損が出た時代であった。ところが、世の中は不確実性の時代に入った。価格は上下動を繰り返す。それをうまくマネージしないと、一生懸命働いても価格が下がり損失ばかりこうむることがありうる。以前よりリスクマネージメントが大切になってきた。
　ところでヘッジとは、ヘッジという言葉が与える印象ほどには難しい作業ではない。担当者一人が機械的に注文を出せばよい。ただし、ヘッジにも1つだけ大きなリスクがある。それは「直先差（じきさきさ）の変動」ということである。別の言葉でいえば「ベーシスの変化」、あるいは、「サヤの変化」ともいう。

これはマネージしなければならないリスクである。換言すれば、ヘッジしても価格リスクは完全には消去できない。しかし、全く何もしないで放っておくよりは、ヘッジをすればリスクはかなり少なくなる。
　ヘッジについては多くの教科書で語られているが、ここでは実際に商社が何をしているかを、プラチナ地金に例にとって説明する。できるだけ簡単に説明したつもりだが、それでも少しめんどうな解説内容になることはお許し願いたい。

2項 価格変動リスクのヘッジ

　ここは、ある商社のプラチナ地金を扱う部局である。

　1月10日に、担当者は南アフリカの鉱山会社との間で、100kgのプラチナをCIF成田US＄600/ozで輸入契約をしたとする。担当者は、ロイター画面を通じて価格の交渉や売買の契約を行う。CIF成田US＄600/ozは、為替レート120円を掛けて、31.1035で割るとCIF成田で¥2,315/gとなる。
（＄600/oz×¥120/＄÷31.1035＝¥2,315）

	取引日	数量	取引種類	取引相手	$/oz	g/oz	¥/$	¥/g
A	1月10日	100kg	輸入（買い）	南ア鉱山	$600	31.1035	¥120	¥2,315

　担当者は財務部を通じて銀行に為替予約を行う。また、契約書を作成して南アの鉱山会社に郵送する。南アの鉱山から購入した100kgのプラチナ地金は、ストックポイントであるアムステルダムから日本に空輸され、2日後の1月12日成田空港に到着する。

　担当者はアシスタントの女性に「南アの鉱山会社からCIF成田US＄600/ozでプラチナ地金100kgを購入し、為替は120円で予約し、現物は12日にJL015便で成田に到着する」ことを告げる。

　アシスタントの女性は、鉱山会社からファックスされた鉱山会社のインボイスとAirway Billの写しを乙仲に転送し、貨物の引き取りと通関、及び都内の営業倉庫まで輸送を依頼する。また、彼女はインボイスと為替予約シートを入力して経理部に南アの鉱山会社宛の＄送金を依頼する。

　100kgの総額は2億3,150万円である。商社は、長期契約やスポット契約

でさまざまなサプライヤーからプラチナを買っている。主なサプライヤーは南アの鉱山会社、カナダの鉱山会社、ロシア政府、スイスの銀行、海外の貴金属精製会社等だ。こうして1月20日頃に、商社が買った100kgのプラチナ地金は営業倉庫の地下金庫に保管された。簿価は￥2,315/gである。

ところで商社は毎日顧客から電話でプラチナ地金の注文を受けている。主な客は、自動車会社、宝飾品メーカー、触媒メーカー、半導体メーカー、ガラスメーカー等だ。ここでは、その1つの例をあげる。

2月10日、甲府にある得意先の宝飾品メーカーから電話が入る。担当者が出ると「明日プラチナを10kg届けてください。値段はいくらですか？」とたずねられた。貴金属をはじめ、毎日相場が立っているものには定価がない。＄建てで日本に輸入されているすべての原材料・製品は、為替が変動するため、円価格は一刻として一定でないといえる。

さて、担当者は電話を耳にはさんで、急いでロイター画面をたたく。スイスの銀行の画面を出すと今日の現物価格のオファーがある。今日の価格は＄500/ozである。続いて担当者は邦銀（日本の大手銀行）の画面を見て為替のオファーを確認する。￥110/＄となっている。

（※1ヶ月にプラチナの価格が100ドルも下がったり、為替が10円円高になることはめったにないが、この場合、事例としてそうなったと仮定する）

早速担当者はこの価格が￥1,768/gであることをはじく。

（＄500/oz×￥110/＄÷31.1035＝￥1,768）

そして、電話でお客に「今日の価格は￥1,785/gです」と答える。これは￥1,768に輸入通関手数料、成田から都内までの輸送料、倉庫の保管料、都内から甲府までの輸送料、商社の取扱手数料0.5%（￥10/g）以上合計17円を加えた価格である。

（￥1,768＋￥17＝￥1,785）

	取引日	数量	取引種類	取引相手	$/oz	g/oz	¥/$	¥/g (CIF)	¥/g (甲府渡)
B	2月10日	10kg	国内(売り)	甲府の宝石商	$500	31.1035	¥110	¥1,768	¥1,785

1　先物市場でヘッジしない場合

　もし先物市場がなかったら、上記Aの輸入取引で購入した¥2,315/gのプラチナ地金を¥1,785/gで10kg売ることになる。

　採算は（¥1,785－¥2,315）×10,000g＝－¥5,300,000で赤字となる。

　こんなことをしていてよいのだろうか？

　実は日本の企業では、このように商品相場が変動しているにもかかわらず、先物を利用しないで経営している企業が多い。経営方針として先物を利用しない企業が多い。その企業方針が作られた理由は、先物は怖いからというものであろう。

　しかし、日本の企業で原材料価格や製品価格が市場価格に左右されない企業は珍しい。そうした企業の期間損益は、原材料価格や製品相場に大きく影響を受けることになる。ある年は大儲けだが、ある年は大赤字となる。そんなとき経営者は、株主総会後の記者会見で「これは原材料価格が高騰したから……」とか、「市況商品なので販売価格が落ち込んでしまい……」と両手を拡げて、さも経営陣のせいではないような顔をする。実は、これは経営者の無策のなせる技である。

　日本は加工貿易の国である。原料を輸入して加工して販売している。加工技術が優れ、加工工程のコストダウンがうまい。だから、他の国がマネのできないような高品質の製品を低価格で実現する。多く日本企業は加工賃を主な収入としている。そのため、原材料コストはフロートさせていることが多い。だから上記のようなコメントになる。

　しかし、今時為替レートをフロートさせている貿易業者はいないであろう。原材料を$建てで輸入する場合は、為替予約をしているはずだ。

ところが、為替市場と同じような先物市場がある原材料そのものの先物売買は避けている。仮に、商品先物市場に上場されている商品を原材料や製品として扱う企業は、先物運用担当者を一人か二人置けば、経営は安定するだろう。価格が上がっても下がっても、それに関係なく、加工賃だけ（商社であれば手数料だけ）が残る方法が商品先物市場におけるヘッジ取引である。

2　先物市場でヘッジする場合

もう一度、取引を振り返ってみる。

1月10日に、担当者は南アの鉱山会社との間で100kgのプラチナをCIF成田US＄600/ozで輸入契約した。これは為替レート￥120/＄を掛けて31.1035で割ると、CIF成田で￥2,315になる。ここまでは同じである。

	取引日	数量	取引種類	取引相手	$/oz	g/oz	￥/＄	￥/g
A	1月10日	100kg	現物輸入（買い）	南ア鉱山	$600	31.1035	￥120	￥2,315

さて、担当者はロイター画面で鉱山会社と輸入契約を締結すると同時に、右隣の東工取のモニター画面を見ながら、東工取の端末をたたいて100kg（東京工業品取引所のプラチナは1枚500g単位なので200枚）を1年先の限月で売る（限月は1年先とは限らず、一番高い価格をつけている限月を売ればよい）。

このときの価格は￥2,100だったとする。ポジションは、￥2,315で現物100kgを買い持ちし、￥2,100で先物100kgを売り持ちしていることになる。

	取引日	数量	取引種類	取引相手	売買	限月	￥/g
a	1月10日	100kg（200枚）	先物ヘッジ	東工取	売り	1年先物（1月）	￥2,100

1ヶ月後の2月10日、甲府の宝石商から電話が入る。担当者が出ると「明日プラチナ10kgを届けてほしい。価格はいくらですか？」とたずねられる。

　担当者は電話を耳にはさんで、急いでロイター画面をたたく。スイスの銀行の画面を出すと、今日の現物価格のオファーがある。今日の価格は＄500/ozである。続いて担当者は邦銀（日本の大手銀行）の画面を見て、為替のオファーを確認する。¥110/＄である。早速担当者はスイスのプラチナの価格1,768円であることを計算する。

（＄500/oz×¥110/＄÷31.1035＝¥1,768）

　そして、電話でお客に「今日の価格は¥1,785/gです」と答える。これは¥1,768に輸入通関手数料、成田から日本橋の倉庫までの輸送料、倉庫の保管料、日本橋から甲府までの輸送料、商社の取扱手数料0.5%以上合計¥17/gを加えた価格である。ここまでは同じである。

	取引日	数量	取引種類	取引相手	＄/oz	g/oz	¥/＄	¥/g (CIF)	¥/g (甲府渡)
B	2月10日	10kg	国内（売り）	甲府の宝石商	＄500	31.1035	¥110	¥1,768	¥1,785

　電話でプラチナ10kgを甲府の宝石商に¥1,785で販売成立すると、担当者はすぐに隣の東工取の画面に向かって、これまで売り建てていた100kg分200枚のポジションのうち、10kg分20枚を買い戻す。このときの価格は¥1,553だった。

	取引日	数量	取引種類	取引相手	売買	限月	¥/g
b	2月10日	10kg（20枚）	先物ヘッジ	東工取	買い戻し	11ヶ月先物（1月もの）	¥1,553

　以上のヘッジ取引をあわせた損益は右ページの表のようになる。
　結果として、手数料分10万円の利益だけが残ることになる。

		数量	売り値	買い値	採算	損益総額	経費	損益(帳尻)
現物	1/10	100kg		¥2,315				
	2/10	10kg	¥1,785		▲¥530	▲¥5,300,000	¥70,000	▲¥5,370,000
先物	1/10	10kg	¥2,100					
	2/10	10kg		¥1,553	+¥547	¥5,470,000		¥5,470,000
損益合計								¥100,000

3　ヘッジしても残るリスク

　ただし、この仕組みの前提は、先物価格が、現物価格に連動して動いているということが条件である。つまり、現物価格は＄600/ozから＄500/ozに下がり、かつ、為替レートが￥120/＄から￥110に円高となったとき、先物価格が連動して下がっていることが条件となる。

　つまり、現物価格のCIF日本円価格は、￥2,315から￥1,768に￥547下がっている一方、先物価格も￥2,100から￥1,553にやはり￥547下がっていることを前提としている。

　ところで、実際のヘッジはこのようにきれいにはできない。

　なぜなら、市場ごとに価格のズレがあり、限月ごとに直先差（ベーシス）が拡大したり縮小したりするからである。また為替の変動も正確に先物市場価格に反映されるとは限らない。したがって、ヘッジ取引といえども、ディーリング的要素が入る。

　教科書的にいえば、こうした市場のずれや直先差をマネージするほうが、価格そのものの変動を予測して対処するより簡単であるという説明になる。

◆現物価格と先物価格

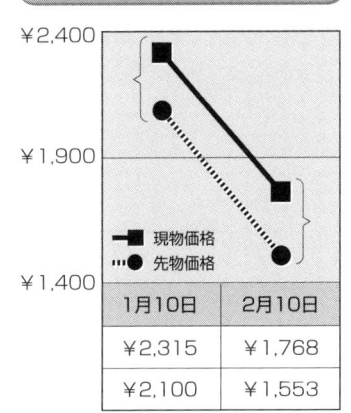

	1月10日	2月10日
現物価格	¥2,315	¥1,768
先物価格	¥2,100	¥1,553

前記の計算をしながら、毎日多くの売買取引を行っているという商社の担当者はたいへんだと思われるかもしれない。しかし、実際にはオートマティックにやっているだけなのだ。つまり、現物を買ったら必ず先物で同量を売ればよい。買う価格は一番安いものを買い、売るときは一番高い限月を売る。ただし、買い戻すのは同じ限月のものを買い戻さねばならない。それに、暇さえあれば、売りのポジションはできるだけ高いところに移し替えていればよい。これをレッグオペレーションという。

　よいディーラー（この場合のディーラーとは、上記のような現物のトレーダーのこと）はどこにどれだけのポジションを持っているかを、為替を含めて常時頭の中で整理されており、瞬時の相場のチャンスを利益化できる人のことをいう。

◆現物価格と先物価格

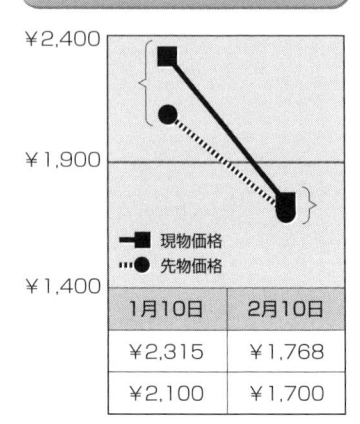

1月10日	2月10日
¥2,315	¥1,768
¥2,100	¥1,700

◆現物価格と先物価格

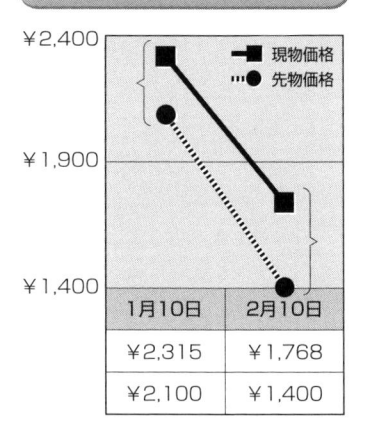

1月10日	2月10日
¥2,315	¥1,768
¥2,100	¥1,400

3項 ヘッジ機能の応用編

1 いつでも売れる市場、いつでも購入できる市場

　商品先物市場は前記のように、変動する価格を先物ヘッジすることにより変動リスクをミニマイズすることができる。しかし、それだけではない。上場商品を直接扱う当業者は、先物市場から現物の受渡しを受けることを目的として先物を売買することもある。

　いつでも売れる市場があること、いつでも買える供給源があることは、事業を行う者にとって安心して取引を行う保険となり、たいへん貴重なファンクションである。生産者は買い手を探して全国を飛び回る必要はなく、消費者は自ら在庫を持つ必要がない。現物がいるなら当月限りを買えばよい。残念ながら今のところ、当業者がこの機能を十分活用しているとは思えない。

　こうした現物換金機能、現物在庫機能、現物受渡し機能も商品先物市場の1つの使い道である。

　さらに、ヘッジ機能の応用機能を紹介しよう。

2 将来の受渡しに対する見積りの場合

　たとえば、建築物件のように1年先に建築資材を仕入れて建築する建物の見積りを、今の段階でしなければならない場合にも、先物市場があれば、1年先の先物価格を基礎にして見積もることができる。

　アルミサッシメーカーが、新丸ビルのカーテンウォール（ビルの外壁材）を20億円で見積もったとしよう。サッシ工事は基礎工事、鉄骨工事、

床工事等の後になるので、取付けは今から2年後である。そのカーテンウォールを作る工期は6ヶ月なので1年半後に材料があればよい。

ところが見積りは、今出さねばならない。「アルミ原材料価格は時価」という見積りを受けてくれるゼネコンがあればありがたいが、昨今のゼネコンはそんな余裕はない。1年半後のアルミ価格など、とてもわからないから、見積り価格は今のアルミ地金価格をベースに、はじくことになるだろう。

	現在のアルミ価格	売買	サッシの見積り上のアルミ価格	2年後にアルミ価格が80円/kg暴騰した場合	売買	損益
現物価格	173円/kg	売契約（見積受注）	173円/kg	253円/kg	材料買い	▲80円/kg
先物価格	175円/kg	東工取で1年後を買い		255円/kg	東工取で売り戻し	＋80円/kg
収支						±0

先物市場がない場合は、今の現物価格で見積りを行い、もし受注したら、2つの方法がある。

1つは1年半後に仕入れても間に合うはずのアルミ資材を、今手当てして保管しておく。もう1つは、ずっとこの調子でヘッジせずにいるのだから、何もしないで1年半後の価格に関心を持たずに受注する。ヘッジしないことがヘッジになるという考え方だ。

多くの日本企業は、後者の態度で受注を続けているはずだ。そうすると1年半後の採算は非常によくなることもあるし、赤字になることもある。将来の価格なぞ神のみぞ知るであり、そのとき原油が高騰してアルミ価格が2倍になっていても、受注したサッシ工事は今の価格でしか入金しない。

しかし、先物市場があれば、見積り価格通りに受注したときに、先物市場で買いヘッジをすればよい。将来買うことが予定されていれば買いヘッジである。1年後に本当にその物件のためにアルミ地金を購入した

よくわかるリスクヘッジ機能 ◆6章

ら、そのとき買っておいた先物取引を反対売買して売り閉じればよい。たったそれだけのことで、企業の採算や決算内容が平準化される。左記表のようにアルミ価格がいくらになっても見積り通りの採算となる。

3 材料価格の高騰を、簡単に販売価格に転嫁できない商品の場合

　もう1つ例をあげる。たとえば豆腐屋さん。彼は原料の大豆価格が上昇しても、よほどのことがない限り、豆腐の値段を上げることはできない。だから大豆価格が暴騰することに備えて、今の先物価格で買いヘッジ（将来大豆を豆腐の原料として、価格がわからないものを買わねばならないため、買いヘッジとなる）をしておけば、下記表のように、将来豆腐を売るときに、大豆価格が暴騰していても何ら被害を受けない。

	（材料の仕入れ）現在の大豆		豆腐の販売（売値）	（材料の仕入れ）将来大豆価格が暴騰した場合		豆腐の販売（売値変らず）	損益
現物価格	35円／kg	買い	100円／丁	45円／kg	買い	100円／丁	▲10円／kg
先物価格	38円／kg	買い		48円／kg	売り		+10円／kg
収支							±0

　ただし、もし意に反して大豆価格が暴落した場合は、先物を買った分だけ損をする。したがって、大豆価格は将来暴騰しないと思えば、ヘッジをしないほうがよいかもしれない。しかし、考え方ではあるが、大豆価格が下がっても豆腐の売値はかわらないなら、豆腐の粗利益は原料代が安くなった分だけ増えている。すなわち、ヘッジをしてこうむった先物の損は、値下がった大豆の仕入れ価格による儲けと相殺されていると考え、適正利潤以上の余分な儲けを儲けそこなっただけだと割りきることができればよい。

この場合は、将来材料の値上がりに備えて、今先物を買っておくという戦略であった。

　ヘッジをする場合注意しなくてはならないのは、先物で、買ったらよいのか売ったらよいのかわからなくなることであろう。これは次のように覚えれば完璧である。

　「将来何かを買わねばならない場合は、今先物で買っておく（買いヘッジという）。将来何かを売らねばならない場合は今先物を売っておく（売りヘッジという）」

4　現物を買うかわりに先物を買って、将来現物の受渡しを受ける戦略

　仮にあなたが、プラチナを材料とした宝飾品を製造する業者だったとしよう。受注生産方式を取るあなたの会社は、ある宗教法人から15億円のプラチナ製宝塔を作るように依頼を受けた。しかし、納期はその宗教法人の100周年記念に当たる1年半後である。

　宗教法人から手渡された図面では、プラチナ地金を500kg以上使うように指示されている。現在のプラチナ地金の現物価格は2,600円/gなので500kgのプラチナ地金は13億円に相当する。したがって粗利（製造経費と利益）は2億円残る。

　ところで、この宝塔の製造日数は、長く見積もっても半年でできる。だから1年後になってから作り始めても十分間に合う。しかし、1年後のプラチナ地金価格が2,600円である保証はない。前の例と同じように、先物で買いヘッジしてもよいが、あなたの会社は今すぐプラチナ地金を2,600円で500kg購入することを検討した。

　しかし、プラチナを今買って、営業倉庫の耐火金庫に保管しておくと、その保管料が1年間で約130万円かかることがわかった。また500kgのプラチナ地金の購入資金13億円を1年間寝かすと、年3％として年間3,900万

円の金利がかかることがわかった。

専務が知恵を働かせて先物価格を見てみた。すると、何と先物価格のほうが現物価格より安いではないか。今なら、1年先を買うと2,450円であることがわかった。ということは、宗教法人には現在のプラチナ現物価格2,600円で見積りをして受注したら、1年先のプラチナ地金を先物市場で買っておくと、2,450円、500kgであれば総額12億2,500万円で買える。プラチナ地金代だけで、何と7,500万円の余剰利益となる。

これを原材料を今手当した場合に比べると、13億円で材料を買い、130万円の保管料と3,900万円の金利を支出せねばならない。一方、先物を利用すれば、証拠金以外の支出は何も必要なく、かつ7,500万円も安い12億2,500万円を1年後に支払えばよい。合計では1億1,530万円の得になる。（7,500万円＋130万円＋3,900万円）

（実際問題としては、1,000枚のプラチナを先物市場で買えば、それだけで価格は上昇するため、上記すべてが利益となるわけではない。また、証拠金は6,000万円必要であるが、これは有価証券で代用してもよいので、必ずしもこの資金に金利がかかるわけではない）

どうしてこうなるかというと、先物価格はしばしば期近が高くて先が安くなる現象が起る。通常の需給バランスにある限り、先物取引では金利や保管料がかかる分だけ、期先は高くなるのが当たり前（これを「コンタンゴ」という）であるが、需給がタイトになり、現物が足りなくなると、期近が先物に比べて値上がりする（期近価格が期先価格よりも高い状況を「バックワーデーション」という）。この現象をうまく利益化すれば、上記のように大きな利益を何もしないで得ることができる。

この設問の場合は現物を買うかわりに先物を買って、将来先物市場における現物の受渡しを市場から受ける戦略であった。

プラチナの宝塔より、金の宝塔のほうが一般的かもしれないが、金は供給に問題が生じることはほとんどないので、バックワーデーションになることはめったにない。一方プラチナは資源が限られているので需給

がタイトになりやすく、現物高、先物安のバックワーデーションになりやすい。

このバックワーデーション現象を利用すれば、他にも利益化のチャンスがある。

5 現在保有している在庫を先物市場で売却し、同時に必要となる時期の先物を購入する戦略

たとえば、今、あなたの会社はプラチナ地金1トン26億円相当を持っているとしよう。ところが、このプラチナ地金は緊急の場合の在庫であり、すぐ使うわけではない。これを1年保管しておくと26億円の資金が1年寝てしまい、また保管料が年間260万円かかる。1年間使わない財産であれば、今先物市場で現物として売却し、同時に1年先物で買い戻せばよい。

前記のように期先が割安のバックワーデーションになっていれば絶好のチャンスである。プラチナ1トンを先物市場の当限で（現物市場でもよい）、g当たり2,600円で売却すると同時に1年先を2,450円で買い戻す。

26億円のキャッシュが入金してそれを銀行等に預ける。1%の金利でも年間2,600万円の収入がある。また、プラチナ1トンは24億5,000万円の資金を1年後の納会日に準備すればよい。つまり何もしないで1億5,000万円利益が出たことになる。金利とあわせれば合計で1億7,600万円の得である。

（実際問題としては、1トン2,000枚のプラチナを一度に売ると価格が下がってしまう可能性があるので、徐々に売ることとなる。この場合2,000枚分1億2千万円の証拠金が必要である。商社の場合、証拠金は財務部等で運用している国債等の有価証券で代用しているため、証拠金のために資金が必要というイメージはまったく持っていない）

この設問の場合は、今保有している在庫を先物市場で売却してしまい、同時に必要となる時期の先物を購入するという戦略であった。

こうした在庫保管機能は、商品先物市場に上場している商品を持っている企業には、誰にもチャンスがある。バックワーデーションになる機会は少ないので、儲けるチャンスはいつもあるわけではないが、たとえコンタンゴでも在庫資金が浮く分だけ、企業としては助かるはずである。どうして多くの日本の企業は先物を利用しないのか不思議である。

以上3つの例はいずれも将来買うことを前提としていた買いヘッジの例であった。売りヘッジも当然ある。

6 将来生産する物の価格が下がるリスクを避けるために、今先物を売っておくという売りヘッジ

どのような企業が行うかというと、たとえば商品取引所に上場されている商品を生産している企業である。

金鉱山は、現在の先物市場の金価格が歴史的、相対的に高い位置にあり、生産コストを十分賄える価格レベルであると思えば、将来生産されるはずの金地金を現在の先物価格で売却してしまう。1年先に限らず、ディーラーに頼めば数年先の受渡し地金でも、取引を受ける相手を探してくれる。期先を売った場合、将来生産した金地金をそのまま受渡せば、将来の時点での価格がいくらになっていようと、現在の価格で販売できたことになる。

この場合は、将来の価格が下がるリスクを避けるために、現在先物で売っておくという売りヘッジの戦略であった。

この取引がさらに発達した形態がある。何年か先のヘッジ取引相手がいない場合、金鉱山は各国の政府が備蓄している金地金等をリースで借り受ける。借りた地金を市場に持ち込んで売却してしまい、現金を受け取る。受け取った現金は鉱山の運転資金とする。リースを受けた金地金は、将来のリース契約の満期日に自社の鉱山で生産した金地金により返

却する。

　政府機関等金地金をリースする人たちのメリットは、金地金を備蓄していても一銭の金利も産まないが、鉱山会社にリースすることによりリース料が収入として入ってくる。問題は鉱山が予定通り生産してくれるかどうかの与信リスクだけである。

　鉱山会社は、将来生産する金地金の代金をリース料を支払って今受け取ることができる。

　この場合も、将来の価格が下がるリスクを避けるために、現在先物で売っておくという売りヘッジの戦略の変形で、リース料を支払って地金を借り、それを売却して将来の生産物で返済するものであった。

　同様な売りヘッジは、銅鉱山、アルミ鉱山、大豆やトウモロコシの生産者でも行われている。米国や中国では、農業生産者を保護するために多くの先物市場が設立された。日本には農協等の強い反対により未だにコメが上場されていない。

　こうした取引は一見複雑に見えるため、上司を説得するのが面倒などという理由で、長い間日本企業は敬遠してきた。しかし、10年ほど前から、こうしたデリバティブ取引は金融取引の発達から一般企業でも行われるようになってきた。そうした取引はエンロンのように、大きな損失が出たときだけ新聞紙上等で取り上げられ、あたかも危険なものと思われがちであるが、先物などデリバティブ取引は、逆にリスクをミニマイズするための、リスクマネージメントとして、有効な手段である。日本でも多くの企業がこれらの仕組みを理解して、活用される時代がやがて来るだろう。

＊

　商品先物取引の機能として、公正な価格形成機能及びヘッジ機能を説明した。

　3つ目の商品先物取引の機能に資産の運用機能がある。

これについては1章以下で述べた。個人に限らず、企業でも蓄えた資産を放っておけばインフレにより減価してしまう。資産が大きくなればなるほど、減価の絶対額が大きくなるので、資産家になればなるほど、資産運用は頭の痛い問題である。また、個人でも、年金については401kの導入などにより、自己責任で運用せねばならない時代がやってきた。

　資金を運用する方法の1つには、元本が比較的安全な預金や債権がある。しかし預金でも、ペイオフの導入により一銀行につき1,000万円以上の保証はないし、社債などの債権は発行企業の倒産リスクがある。

　また、すべてをこのようなローリスクローリターンの投資で運用してしまうと、インフレに勝てない。世の中はデフレになったとはいっても、けっこう毎年価格は値上がっている。またこれからの世の中が、いつまでもデフレとは限らない。仮に戦争や動乱、地震等の天災があるとすれば、一夜にして国家の信用に基づく紙幣は、紙くず同然になってしまう可能性もないとはいえない。

　為替レートは毎日国力を測って変動している。金の最大の需要国はインドであるが、中国の華僑やインドの印僑などが、財産の一部を金地金にして取っておくのは、国家の発行する銀行券である貨幣への不安・不信があるからだろう。

　株を買うのは企業の業績を買うことだろう。その企業の将来性を買って値上がりを待つ。

　一方、商品先物は、商品の価格の変動に賭けるものだ。株式（現物取引）と違って空売りもできる。商品先物は、一種の資産運用手段だが、中でもとりわけハイリスク・ハイリターンな運用方法に属する。商品先物相場を読むのはかなり難しい。しかし、勉強すればするほど腕が上がり、大きな投資リターンに恵まれる運用手段である。

7章

先物市場がある国とない国の違い

1項 商品先物取引市場のない国のハンディキャップ

　国家にとって、先物市場が国内に存在する意義とは何だろうか。たとえば、仮に韓国に先物市場がないとしたらどうだろう（なお、韓国先物市場は、1999年4月に創設され、現在では東南アジアで最もアクティブな市場の1つとなっている）。先物市場がない場合の韓国と先物市場がある日本の違いを考えてみたい。韓国も、日本同様大豆を輸入している。豆腐や醤油、サラダ油に大量に大豆を消費している。韓国内の大豆価格は、もっぱらシカゴの相場を参考にして決まる。

1　為替リスク

　韓国の商社が、輸入と同時に先物でヘッジをしようと考えたとする。シカゴでヘッジするなら、ドル建てなので韓国ウォンとの為替交換レートのリスクが生じる。日本市場でヘッジしようとしても円と韓国ウォンの為替リスクが発生する。

2　市場の時差

　シカゴの午前9時は韓国（日本と同じ）の夜19時だ。シカゴ市場が終わるのは深夜になる。韓国の人は夜の7時から午前3時頃までシカゴの取引を追うことになるだろう。

（注　日本とニューヨークの時差は、ニューヨークが夏時間の場合は日本時間から1時間引いて朝と昼を逆にする。冬時間は2時間引いて逆にする。シカゴは夏時間は2時間引く、冬時間は3時間引く）

これに比べて先物市場が国内にある日本は、日本時間の朝9時に取引が始まり、日本円建ての価格が決まる。

3 持ち込み費用

　日本の大豆の生産者でも消費者でも、大豆が余りそうなら、日本市場に売却することができる。満期日に現物を取引所に持ち込めばよい。かかるのはトラック運賃のみである。

4 消費者の買いヘッジの場合

　日本の大豆の消費者は大豆を輸入して、自分の倉庫で保管しておくかわりに、日本の先物市場において、現物を売却して先物で同時に買い戻しておけば、大豆相場の直先差を損するが、倉庫における保管料が助かり、資金を浮かせることができる。

5 生産者の売りヘッジの場合

　日本の大豆の生産者は、生産物価格を売りヘッジするために、春に先物で売っておくことができる。秋になって価格が下がれば、とれた大豆を先物市場に持ち込み受渡しすれば、結局春の高い価格で売れたことになる。韓国の生産者は、日本の倉庫まで持ち込む船賃をカバーすることができないため、日本の先物市場への受渡しは、経済的に割にあわないことになる。

　このように、自国に先物市場があると、消費者にとっても生産者にとっても有利となる。

2項 中国の先物市場

　2002年10月30日中国の上海取引所に、金が上場された。2003年8月13日同じく上海取引所に、白金が上場された。社会主義を標榜する中国で、活発に商品先物取引が行われているのは、奇異に感じられるかもしれない。商品先物市場は資本主義の原点だからだ。しかし、利にさとい中国人は、商品先物市場の有用性をいち早く見抜き、資本主義国に負けないように先物市場を整備している。

　中国では、1985年農産物の政府による計画指令価格が廃止され、流通統制がなくなった。そのかわりに国の契約購入と農家の自由販売の並存という複線型の流通方式を導入した。これによって多くの農産物価格は需給実勢を反映して決定されるようになり、また同時に価格は大きく変動するようになった。そのため、1990年から91年にかけて国営商業系列が農産物価格の変動により大きな欠損を出した。

　また、中国では経済改革によりGDPが大幅に伸び、それに伴って国内金融資産は大幅に増加した。個人レベルにおいても、収益性の高い投資先を求める動きが活発になってきた。そこで1990年10月河南省鄭州に鄭州商品交易所が先物取引市場のモデルケースとして設立された。その後瞬く間に全国に40ヶ所の先物取引所が設立され、500社以上の先物仲介会社ができた。

　しかし、商品先物取引所が無秩序に乱立したため1994年の国務院通達により証券監督委員会の審査を受け、国務院の再認可を受けた15取引所のみが許可された。また、先物市場管理方法が制定され、先物仲介会社登録管理臨時方法が定められた。先物仲介会社による海外先物市場への進出と外資の先物市場参入が禁止された。上場銘柄もトウモロコシ、緑

豆、パーム油、天然ゴム、銅、アルミニウム、小豆、ベニヤ板、大豆と試験上場商品36種類のみとなった。それでも投機熱は冷めず、1994年6兆元の商品先物取引高は翌年には17兆元に伸びた。

　1998年には、商品先物取引所の再集約策が国務院によって打ち出され、上海金属取引所、上海商品取引所、上海糧油商品取引所等が合併し上海先物取引所となり、大連と鄭州以外はすべて集約されて、3ヶ所の会員制組織に整理統合された。しかし、その規制により先物取引量は激減した。中国には「一統就死、一放就乱」という言葉がある。つまり「統制をすれば死んだような状態になり、放任をすれば混乱する」という意味だ。その後取引は回復し、1999年には大連商品取引所の先物成約量はシカゴに次いで世界第二位を占めるまでになった。

　2000年には先物業者協会が設立され、取引所を非営利団体とするなどの措置が取られた。2001年からの第十次五ヵ年計画では「着実に先物市場を発展させる」ことが明確にうたわれてる。中国先物協会の田源会長は今後5年以内に中国先物の取引規模は毎年倍増するだろうと語っている。2001年の先物市場の取引件数は1億2千万件（前年比120％増）。取引額は3兆元（約4,600億円：前年比87％増）となった。2003年の総売買高は2億8千万枚であり、前年の2倍になった。日本の1億5,400枚をすでに上回っている。

3項 日本の商品先物業界の現状と今後

1 業界の変貌

　日本における商品先物業はすこぶる評判が悪い。幸いなことに、業界自体がそのことに気づいて久しいので、日夜評判改善の努力が払われている。そして、近い将来この業界ががらりと変わる日がやってくる。それは2005年1月1日に予定される手数料の自由化である。既に、その自由化は始まっており、インターネットで受注する場合の手数料は、営業マンが電話等で先物取引を顧客から受注する場合の手数料に比べて、7分の1以下になっている。たとえば、金地金1枚を売買すると通常手数料は往復で10,400円であるが、インターネットでは1,500円以下に下がっている。

　大口顧客向けも既に自由化されているが、2004年1月からほとんどの大口（50枚以上）は自由化される。そうすれば、現在の商品先物業者の収益は極端に悪化するだろう。その手数料競争の中で生き残った者だけが、次の商品先物業界の雄となるはずだ。

　国際化の荒波も、日本の閉塞的な市場を洗うものと思われる。海外のFCM（商品先物取引業者）が参入し、また、海外から日本市場への先物取引オーダーの増加、日本からの海外市場へのアプローチの簡素化が行われるだろう。インターネットの発達が、商品先物取引をグローバル化する。

　欧米の例や、証券業界における手数料自由化後の動きを見ていると、日本の先物取引業者には主に、2つの道が考えられる。

　1つは現状の営業マンを使った投資顧問的営業である。この場合の手数料はインターネットに比べると高いレベルで落ち着くであろう。その

取り柄は、営業マンが商品先物相場に対する正確な知識を持ち、的確な助言を行うことである。顧客にとっては、儲かるなら手数料が少々高くても、文句は出ないだろう。的確な情報を出せるかどうかが、今後の営業競争の生き残りの条件と、私は考える。

もう1つはディスカウントブローカーの道である。これはインターネットを中心に合理化されたシステムで、少人数で取引を管理し、国内国外を問わず、売買量で収益を出す道である。この場合でもコールセンターの充実等による情報サポートの重要性は変わらない。これからは、いかに情報サポートができるかの戦いとなるだろう。情報は無限にある。あり過ぎる。だが、真に有効な情報を選んで、適時に相場を判断することは難しい。

商品先物業者の道は他にもある。1つは、営業活動は他社に任せてクリアリングに徹する道である。取引所との間に、その資力と信用力を生かして、取引の安全性の確保を売り物にする道である。また、商品ファンドに特化して、投資信託専門会社になる道もある。さらに投資顧問で生き延びる方法もあるだろう。さまざまな生き残り策を講じて、これから商品先物取引業界は、熾烈な生存競争が始まる。現在のように金太郎飴のような、似たりよったりの企業ではなく、それぞれに個性を生かした企業が厳しい競争を繰り返しながら生き抜いていくことになるだろう。

2 個人中心の商品先物取引からの脱皮

日本における商品先物市場は、当業者の参加が諸外国に比べてたいへん少ないことが特長となっている。取引者の大部分が個人である市場というのは、世界的にいって特異な存在である。さらに情報の偏りにより、商社が勝って個人が負けるというパターンが日常化している。あまりに個人の情報レベルが低かったためである。こうしたいびつな市場は改革する必要がある。

それにはたくさんの当業者が参加することが望ましい。ヘッジを主とする当業者は先物相場で負けてもかまわないからである。当業者が入れば入るほど、それだけ個人の投資家が勝ちやすい市場となるはずだ。商品先物取引の発展には当業者の参加が不可欠である。それには当業者への啓蒙と、啓蒙することができる商品外務員の養成が欠かせない。

３ 投資顧問的営業

　商品先物取引は、魅力的なハイリスクハイリターンな投資手法である。しかし、日中、他に仕事がある人々が、片手間に投資して儲けることができるほど簡単なものではない。さらに、2004年5月には東工取に金の「オプション取引」が上場される。ますます取引は複雑になってくる。

　今後の商品先物取引業界の発展のためには、営業マンの質の向上が避けて通れない。

　金融工学は、この10年でがらりと発展した。先物取引を解析する技術も進化し、いまや複雑系の世界を数学的に解きほぐす段階に入っている。そうした時代に情報武装もせず、ただ「金は上がりますよ」というだけの営業は成り立たない。

　人々の資産を運用するには、日夜情報の収集と分析、また分析方法の研究等を欠かすことはできない。そして顧客に対して適切な資産運用方法とリスクマネージメントを指導し得て初めて、顧客に感謝され、長くつきあっていただける関係が築ける。そうしたブローカーこそが手数料自由化後にも生き残れる商品先物取引業者、あるいは登録外務員であるだろう。

　証券界には一任勘定が認められた。日興證券では機関投資家に個人の資金を一任勘定で運用するようである。いずれ商品先物業界でも一任勘定が認められることとなるだろう。現状では商品ファンド法（「商品投資にかかわる事業の規制に関する法律」）に基づき、投資顧問業として

の許可を受けた者しか運用できないことになっている。許可を受けた投資顧問は、もっぱら商品ファンドの資金運用を行っている。彼らは一任勘定が解禁された場合、個人の資金を運用することも開始するであろう。

4 デリバティブ取引

　デリバティブ取引とは、先物を含め、オプションやスワップ等の金融工学を駆使した取引をいう。何のためにあるのかというと、リスクマネージメントである。

　最近天候デリバティブと石油デリバティブ取引が新聞紙上で見受けられる。これらの取引は、いずれも、リスクをミニマイズするために、反対のインセンティブを持つ企業同士が相対で契約を結ぶ先渡取引で、OTC（Over The Counter）取引である。

　たとえば天候デリバティブでは、夏が冷夏になると困る企業や業者が、冷夏になると儲かる企業との間で、春の間にスワップ取引を結ぶ。具体的には、東京電力と東京ガスのような関係である。東京電力は、夏が暑いとエアコン需要が増大し、使用電力量が上がる。しかし、冷夏だと電力消費量は減少する。一方、冷夏だとガスの消費量が増える。気温が低いと、都市ガスの熱量が下がり、ガスの使用量が自然に増えるからだそうだ。したがって、両者は補完関係にある。

　何もしなければ、利益は天候次第で大きく増えたり、減益になったりする。天候が変化するリスクを平準化するために、東京電力は、たとえば7月〜8月の間の平均気温が20℃を上回ったらいくら東京ガスに支払い、逆に20℃を下回ったら、いくら東京ガスから受け取るという契約を相対で結ぶのである。そうすることによって、お互いに天候が経営にとって負の要因になる割合を減らすことができる。

　ところで、冷夏になったら困る企業は多い。清涼飲料水メーカー、ビールメーカー、旅行会社、宿、海の家、ビアホールなど、長雨にたたら

れると1年の稼ぎ時を失ってしまう。海の家は7月で1年分の費用をまかない、8月の稼ぎは利益になるという。

　冷夏になると利益が出る企業は少ない。市場の流動性が小さいと商いは成り立たない。現在は損害保険会社が保険として受けて立っている。彼らは過去の天候データを元に確率を計算し、リスクを取るためのプレミアムを提示している。問題は、ニーズが一方に偏れば偏るほど、保険会社のプレミアムが高くなることである。

　そこで登場するのがスペキュレーターである。冷夏でも暑い夏でも自分たちの収益には関係ないが、今年は長雨になりそうだと予測して、受けて立つ人たちのことである。

　当業者とスペキュレーターがいれば先物市場が成り立つかといえば、そうではない。先物市場とは3つの法律（商品取引所法・金融先物取引法・証券取引法）に限定列挙されたものだけが公設市場として認められる。したがってOver The Counter（OTC）の相対取引は公設市場ではない。つまり不特定多数の参加者を勝手に集めて天候デリバティブ取引を行うと法律違反となる。

　いずれ、この天候デリバティブのニーズが高まれば、商品取引所法に基づいて認可を受け、東京工業品取引所に上場されることになる。欧米では既に天候デリバティブは数カ所の先物取引所に上場されている。このような手続きを経れば、個人投資家でも、今年の夏は猛暑だとか、冷夏になるという具合に予測を立て、先物を売買することができることになる。

　なお、2004年の商品取引所法の改正により、一定の資格の者が、認可等を受けて市場を開設することが認められる予定だ。この場合、個人投資家は参加できないものと思われる。しかし、当業者だけの市場は失敗しやすい。流動性が欠如しやすいからである。数件の相対取引が決まった後は、閑散としてしまう可能性がある。実需とはまるで関係のない個人投機家が参加して初めて活発な取引活動が形成される。

スペキュレーターにアレルギーのない欧米では、あらゆることが公式の賭けの対象となっている。だからといって彼らがギャンブル好きの遊び人だと決めつけることはできないだろう。
　既に、OTCレベルでは、天候デリバティブの他に温暖化ガス排出権取引、環境価値取引等がスタートしている。これらの取引も、その流動性がネックとなるだろう。不特定多数の投機家の参入があって初めて、これらのヘッジ取引が活発になる。

4項 オプション取引

　2004年5月17日に東京工業品取引所に金のオプション取引が上場される。すでに東京穀物商品取引所には大豆・トウモロコシ・粗糖のオプション取引が上場されているが、取引はあまり活発ではない。オプションは、かなり難しい概念であるので、先物以上になじみにくいかもしれないが、先物よりはるかにリスクが限定された取引であるので、一般投資家に理解されさえすれば、金のオプションの出来高は、相当多くなるのではないだろうか。

　オプションを理解するためには、まずCALLは買う権利、PUTは売る権利であることを身体で覚える必要がある。CALLを「買う」と言葉でいってしまうと、買う権利を買うとか、買う権利を売るという概念でつまずいてしまう。だからCALLは呼ぶから買うのだ、PUTは置くのだから売るのだということを意識せずして覚えてしまうことが、スタート台である。

　さてそれができたら、「10月限の金を1枚、権利行使価格1,400円でプレミアム100円を支払って買った」という意味を理解せねばならない。これは、

　「10月に受渡しが行われる、商品先物市場における金地金1kgをグラム当たり1,400円で買う権利を、今日10万円支払って買った。その権利を行使するかどうかは、9月の最終営業日までに宣言する必要がある」ということである。

　もし9月末までの間で商品先物市場の10月限の金価格が1,500円以上になっていれば、権利行使をして即売却すれば利益が出る。
（たとえば、仮に10月限の金価格が1,600円になっていれば、10万円の利

益である。　※ |(1,600−1,400)−100|×1,000倍

　今回のオプションは東京穀物商品取引所と同様にアメリカンタイプ、つまり、満期日までなら、いつでも権利行使ができるものである。したがって、オプションを買った日から、この場合なら9月末までに10月限の金価格が1,500円を超えればいつでも権利行使して収益化すればよい。そして、もしいつまでたっても1,500円以上にならなければ、9月末まで放っておけば、自動的に権利が消滅する。その場合の損失は、当初に支払ったプレミアム10万円だけである。

　プレミアムはどうやって決められるのかというと、時間の価値とボラティリティー（価格の変動幅）で決まる。たとえば、金の10月限価格は今日1,300円であった。明日1,400円で買う権利を、今日売買するなら、プレミアムは100円以内であろう。なぜなら1日で100円以上変化する確率はたいへん少ないからだ。

　ただし、最近の価格の変動が激しく1日で100円近く値動きすることがよくある状況なら、つまりボラティリティー（価格の変動幅）が大きければ、プレミアムは高くなる。反対に、最近の価格は動きがなく、変動は小幅に留まる傾向があるならプレミアムは安くなる。私はオプション取引の管理をしたことはあるが、ディールしたことはないので、解説はこのあたりにしておくが、1つだけ肝心なことをつけ加えておきたい。

　それは、素人は「オプションを売らないほうが賢明だ」ということである。

　オプション取引の証拠金はオプションの売り手にのみ要求される。オプションの買い手はプレミアムを即金で支払う必要があるが、リスクはそれだけである。プレミアムさえ払えば、権利行使しようが権利放棄しようが、それ以上のコストは発生しない（権利行使した後は、先物市場で売買のポジションが立つことになるので、その証拠金等は必要になってくる）。

　買い手にリスクが限定されるということは、売り手はリスクが青天井

であるということである。私はオプションの売買をする会社を管理していたが、多数のオプションの売買を受注すると人力では管理できない。なぜなら、オプションを売った場合のリスクは、常に原市場たる先物市場でデルタヘッジやガンマヘッジ、等を行っているからだ。

これはブラック＆ショールズのオプション式を備えたコンピューターソフトを使い、原市場価格をインプットし、ボラティリティーを入力して出てくるヘッジの手法であり、こうしたヘッジをしないでオプションを売り放しでいると、たいへんなリスクを抱えることになる。

リスク回避の唯一の方法は売ったオプションと同じ物をどこかから買い入れるという転売行為である。オプションのディーラーは、こうした原市場でのヘッジや他の業者との間でさまざまな取引を行い、自己のポジションのリスクディスポージャーを最小にしている。満期日やストライクプライスが違ったさまざまな、これらの取引を管理するのは、コンピューターソフトを使わないとできない。

コンピュータープログラムも持っていない素人が、オプションを売ってそのリスクを管理できるとはとうてい思えない。だから、素人はオプションを売ることは控えたほうがよいと思うのである。売り買いを組み合わせてリスクをミニマイズすることも可能だが、もっとシンプルにオプションは買うだけにすればよいと思う。CALLとPUTの買いだけでも、プレミアムや限月が異なればかなり多くの組み合わせができると思う。買う分には、最初に払ったプレミアム以上のリスクはオプション取引では生じない。

8章

メインプレーヤーとしての総合商社

1　メインプレーヤーとしての日本の商社

　日本の大手商社は、商品先物取引市場のメインプレーヤーである。私はよく「某商社が最近金やプラチナを大量に買っているようだが、どう思うか」という類いの質問を受ける。しかし、私にいわせれば、商社がそんな大きなポジションを取ることはありえないのである。なぜなら、いくら巨大商社といえども、ディーリング担当者にオーバーナイトの与信枠を無制限に与えるほど損益管理は甘くないからである。

2　相場にまつわる事故

　住友商事の銅地金事件や、大和銀行ニューヨーク支店、ベアリング証券のシンガポール支店等、過去に企業の屋台骨を揺るがす大きな相場の焦げつきがあった。これらに共通する欠陥は、ディーラーを監視する体制が不備であったことである。

　住友商事の浜中氏は、本部長の筆跡をまねて、にせ契約書を発行していたという私文書偽造の容疑で捕まった。また、決済には何も知らない香港支店を活用していた。こうした欺瞞行為はあったかもしれないが、本来は、営業現場が行った契約と商品の受渡し、支払・入金による金銭の授受については、社内でダブルチェック、トリプルチェックがかかるはずである。損益の管理は日次ないしは月次で行われているはずなので、何年にもわたって本当の損益がわからなかったとは驚く話である。

　大和銀行の場合、井口氏が債券ディーラーと顧客の債券を保管するカストディアンを兼ねていたという、常識では考えられないお粗末な管理体制であった。だから顧客から預かっている債券を流用してディーリング損失の穴埋めを行い、顧客債券の監査を受けるときだけ、ディーリングにより現物を調達してつじつまをあわせるという芸当ができたのである。

　彼らは一様に、休むことなく忙しく立ち働いていた。それは彼らが仕

事熱心だったからではなく、つじつまあわせに狂奔していたからである。端から見れば、日曜日も休まずに会社に来る彼らは、表彰に値するほど優秀な人にうつったことであろう。

浜中氏のように、先物や現物取引の、勝った分だけ報告し負けを隠していれば、業績は思うように上がるだろう。実態は、寝ても覚めても損失の先送りやつじつまあわせをどうするかで、頭が一杯だったものと思われる。

筆者が在籍していた商社では、日本で行った取引はすべてロンドンで決済が行われていたので、損益のつじつまをあわせるには日本の管理部門と共に、ロンドンの営業部、及びロンドンの経理部を抱き込まねばならない。これは事実上不可能であった。ましてや、営業の担当者がゆっくり休暇を取れるほど、数人の担当者が、二重三重に同じ取引を交代で行っていたので、こうした不祥事は起きようもない。

これらの事件の教訓は2つある。

1つは、上記のように、取引を一人で行い損失を隠すことができるようにならないような体制を作るべきである。読者のみなさんは、株式や商品先物に投資された場合、奥方か誰かにそのバックオフィスをやってもらうことであろう。取引をご主人と奥方が交代で行ってもよいだろう。そしてしばしば、第三者に取引が正しく記帳されているか、損益は正確に計算されているかをチェックしてもらうことが、こうした大損をこうむらなくする第一歩である。

これらの巨額の損失は、ほんの小さな損失から始まっている。聞くところでは、20万ドル程度の損失を上司に報告できず、それを取り返そうと思ったところから、不幸は始まったようである。私も部下が、複雑にからみあったヘッジ取引を間違えて発注し、一夜で2,000万円の損失を出したことがある。しかし、頭を下げて部長に報告した。幸いその程度の損失はその年の内に取り戻すことができた。損失を小さい間に留めて、後を引かないこと、損失に慣れ親しんで、損失を出したことにこだわらない強靭な精神を持つことは、ディーラーに不可欠な資質であろう。こ

れが2つ目の教訓である。

3 ヘッジャーとしての商社のディーリング

　さて、商社の商品ディーラーには、2種類ある。

　1つは6章で述べたような現物の商品を売買する担当者である。商品を仕入れたときの価格と売却したときの価格は必ず異なることになる。どんなに両手に電話を持ってしても、同時に売買することは不可能だからである。仮に、商社の一部門が、大儲けするときもあれば大損するときもあるのでは、決算ごとに大幅な収益のぶれが出てしまい、健全な経営ができない。

　したがって、こうした相場商品を扱う担当者は、商品先物市場でヘッジ取引を行う。この現物担当者の行う先物取引は、相場の損益とは無関係に行うものである。

　たとえばプラチナ地金を輸入すると、輸入価格を取り決めた時点で、商品先物市場で先物を売却する。一方、輸入品が入荷して国内の顧客に売れた時点で、売っておいた先物を買い戻すのである。これらの取引はほとんどオートマティックにやられている。この仕組みを逸脱しない限り、相場変動リスクはほとんど回避できる。いずれにしても、商社の現物商品を扱うディーラーが、ヘッジのために商品先物市場で売買を行うのは、その反対取引である現物の売買をカバーするためであり、機械的に行われるものである。

4 ディーリングとしての商社のディーリング

　上記のようなヘッジ専門の商品ディーラーがいる一方で、もう一種類のディーラーがいる。それは現物取引とは全く関係のない、いわゆる「ディーラー」である。

彼らは、朝出社すると、たとえば金の担当者であれば、前日の海外の金価格の動きを見て、日本の商品先物市場が開くと、おもむろに金の先物を買うか、売るかを実行する。東京が開いていない場合は、香港等他の市場でもよい。そうしてポジションを取ると、日なが一日売買を繰り返し、利益を出す。夕刻、退社時間となれば、あらゆるポジションを閉じて家路につく。

こうしたディーラーには収益のノルマが課され、それ以上を儲けないディーラーは交代させられる。このマネーゲームは、一種のテレビゲームと同じである。異なる点は、金額が桁違いに大きいこと。ゲームに勝つためにディーラーは電話をしたり、画面で交信することにより、絶えず情報を収集すること。テロップで流れるニュースを四六時中眺めて神経をとぎすますこと等である。ディーラーが売買する単位は1件数億円であるので、ディーリングチームの売上高は、年間で何兆円にも上る。

以前商社はこのディーリングの売上高を決算書に計上していた。売上高競争はこのディーリングにより水増しすることができた。しかし、その無意味さに気づいた商社は、今ではディーリングの売上高はカウントしなくなっている。

金や白金を何キロも売買したまま放っておいて担当者が家路につくことはありえない。なぜなら、ひと晩で何千万円もの損益を生み出してしまうからである。収益ならよいが、損失が出る可能性もフィフティフィフティである。ひと晩で一部門の半年分の収益を変えるような取引はたとえ、部長ですら、できない相談である。

商社でこのようなリスクを取るには、たとえば現物の顧客に安定供給を果たすために在庫を積み増す等、それなりの理由付けが必要である。そうした場合、多くの関係部局の了解を取る必要がある。その範囲内の取引を行う場合でも、分不相応な買い建て等は管理部等から即座にチェックが入る。

したがって、冒頭でいったような、「商社が最近、金や白金を大量に

買い入れているのはどうしてですか？」という質問には、「そんなことはありえません」と答える以外にない。

　仮に東京工業品取引所で金地金をたくさんロング（買い持ち）していれば、その反対取引として、現物の売りが実需家等に対してあるか、海外での売り、あるいは他限月での売りポジションが建っているはずである。これらのポジションと相殺して、ポジション的にはスクウェアに近くなっているはずである。商社のディーラーは、デイトレードと共に、こうした市場間や時間差で理論価格との乖離をねらったアービトラージ（裁定取引）をしている。

　冒険好きな商社もあるかもしれないから、一攫千金のばくちを張っている商社がいないとはいえないが、先物取引の片建建玉表に現れるほどの大きなポジションではないだろう。

5　商社マンの相場感覚

　商社の担当者の持っているその商品に関する知識や情報、あるいは取引経験は、一般投資家の数倍に及ぶであろう。彼らの触覚は鋭く研ぎ澄まされている。筆者自身もアルミニウムやプラチナの担当者であった頃は、サプライヤーやユーザーが感じる数ヶ月前に相場の上昇気配を肌で感じ、暴落の兆候を予感できた。

　商社を離れた現在でも、2台のモニター画面を朝から晩まで眺め続け、ニュースやチャート、相場表等の分析画面をクリックし続けていると、商社マン時代ほどではないが、価格の動向が読めるようになる。そうした人間ですら、数日間、相場から離れると元の人に戻ってしまう。現在の私の職業は、毎日朝から晩まで市場の中にどっぷり浸かって、価格の予測を行い、それを週2回の号外と毎日のレポートに書くことであるが、かなりの確率で相場を読めていると自負している。

9章

商品ファンドを利用しよう

1 商品ファンドとは

　商品ファンドとは、金融や為替取引も含め（金融先物等は商品ファンド法によって組み入れ比率が規制されているので、一定割合しか投資できない）、市場で専門家が自由に運用するファンドに対して、一般個人が投資するものである。

　つまり商品ファンドは、究極の投資信託である。証券会社等が設定する投資信託は、主に証券市場や債権市場を投資市場としているのに対し、商品ファンドは、それ以外に、商品先物市場、為替市場、絵画市場、映画市場、競馬馬市場等、ありとあらゆる先物等市場に投資するものである。金融商品は、金融庁（旧大蔵省）管轄であるのに対し、商品ファンドは、経済産業省と農林水産省及び金融庁の三省管轄下にあり、運用設定と販売法人、投資顧問業等それぞれに三省大臣の許可が必要である。

　商品ファンドは，商品取引所法とは別の「商品投資に係る事業の規制に関する法律」（通称「商品ファンド法」）により規制されている。

2 商品ファンドの仕組み

　仕組みを簡単に説明する。

　まず投資家は投資組合を作る。これにはLimited Partnershjp、匿名組合、合同運用指定金銭信託の3パターンがあるが、いずれも投資によって得られた利益に税金がかからないようにするための工夫である（分配金は課税される）。

　投資組合は、CPO（Commodity Pool Operator）と呼ばれる運用管理者に資金運用を任せる。CPOはCTA（Commodity Trade Adviser）と呼ばれる投資顧問を選び、彼らに先物等で運用させる。CPOはどのCTAにどれだけ運用金額を任せるかを決める。運用成績の悪いCTAの資金は減らし、成績のよいCTAの運用資金を増やしたり、CTAを取り替えたり

する。いわば、鵜飼の鵜匠（CPO）と鵜（CTA）の関係である。一般的にCTAは、業績に応じた利益配分を取り、CPOは管理手数料を取る。

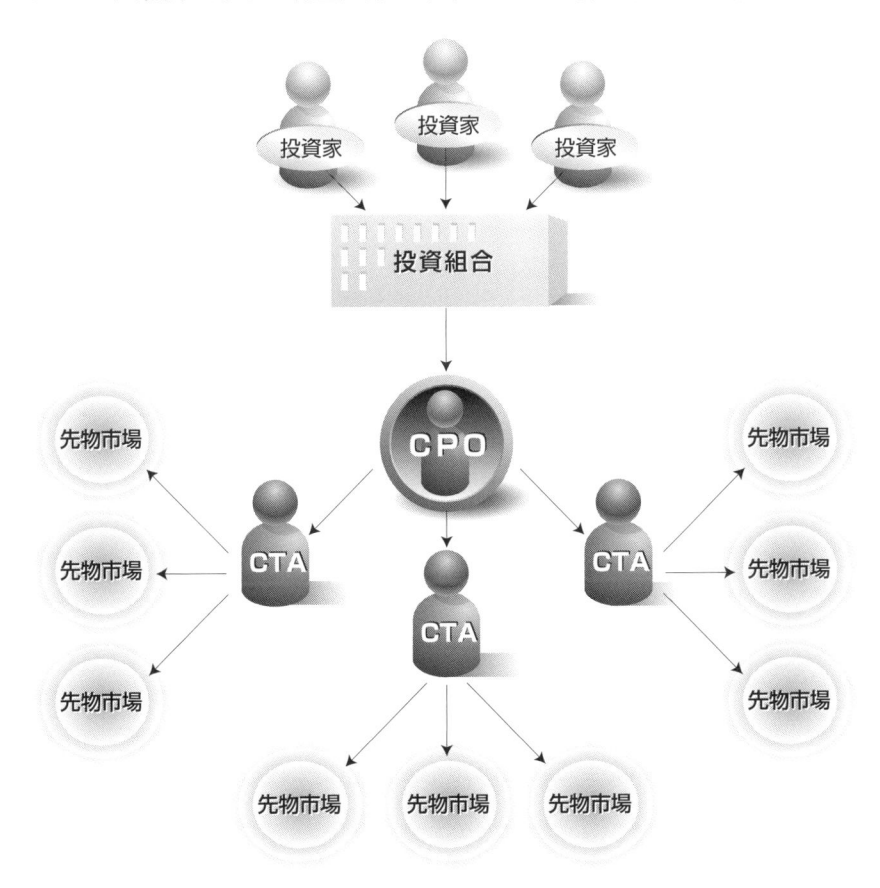

3 商品ファンドの形態

以前は元本確保型と積極運用型があった。元本確保型（※）は運用期間たとえば7年後に、100%に戻るだけの資産を脇に置いておく。金利が高い時代はそれができた。残った10～20%の資金を先物に投資する。先

物の場合、証拠金取引であるから、20倍以上の金額の取引ができる。こうしたレバレッジ（てこの原理）をきかせられるところが商品ファンドの取り柄だった。

　しかし、金利が低下したままなので、元本確保するためには98％近くをセットアサイドしなければならないが、それではいくら何でも高い運用利益を確保できない。だから、最近では元本確保型はあるが、出資金全額の元本確保型は見受けられない。

（※　元本確保型とはいえても、元本保証とはいえない。なぜならば、商品投資販売業者等が倒産したら、元本は戻ってこない可能性があるためだ。元本保証というと出資法に違反する）

4　商品ファンドの特長

　主な特長としては、
　　●投資顧問という専門家が運用する
　　●投資手法を多様化する
　　●投資対象を多様化する
　　●地域的・時間的に多角化する
ことなどにより、分散投資によるリスクマネージメントを行う。

5　商品ファンドのリスク

　大部分のファンドは元本確保型でなくとも、ある一定割合まで損失が膨らんだら、自動的に取引を手仕舞いして撤退する仕組みになっているはずなので、3割か4割の損失が出たら、投資期間一杯塩漬けになるはずである。良心的な会社であれば、その時点で出資金は返還されて組合は解散する。

　商品ファンドは現在のところ、投資信託のように上場されていないの

で、自由に転売することはできない。だが、ほとんどの商品ファンドは一定の期間経てば、設定法人が解約に応じ、買い取ってくれることになっている。設定法人は、解約されたファンドは再販するか、運用資産を減らすことになる。解約条件等は設定時に明記されているので、投資前に十分確かめられたい。

6　どの商品ファンドを選ぶか

　商品ファンドを作る側にいた私が、こんなことをいったら怒られてしまうが、設定者ですら、どの商品ファンドの運用成績がよくなるか、全く検討がつかない。担当者としては、このCTA（投資顧問）なら、過去の実績や、その運用手法からいってかなりの運用成績を上げてくれるだろうと期待して始めるのだが、結果はフタを開けてみないとわからない。

　各種の手数料を捻出した上で大きな収益を出すには、よほどの腕がないとできない。そうはいっても、毎年十数％の投資利回りを出している商品ファンドはかなりある。日経新聞のマネー欄に商品ファンドの運用成績が載るようになった。よい成績のファンドのシリーズ物なら、運用手法が同じなので、次もよいパフォーマンスが生まれる可能性は高い。

7　日本の商品ファンドの設定状況

　日本の商品ファンドは平成9年度の38本、1,407億円の新規設定、設定残高3,184億円をピークに減ってきている。平成15年度の新規設定は10本、169億円に過ぎない。平成15年末で運用中の商品ファンドは、33本625億円である。海外におけるファンド規模とは、比ぶべくもない。

　各ファンドの運用成績は（社）日本商品投資販売業協会のホームページで常時見ることができるが、2003年11月末までの成績では、最高のものは、年平均騰落率17.32％、最低のものは、年平均騰落率▲5.38％であ

る。報告のあったファンドの中で1年以上経過したもの27本のファンドのうち、年平均騰落率がプラスのファンドは21本（78％）、マイナスは6本であった。なお、途中で消滅したものは含まれていない。玉石混淆のファンドが、ここ数年で運用成績のよいものだけが生き残るように淘汰されてきたともいえる。したがって、今でも設定を続けている業者のファンドは、そうした過去の試練を乗り越えてきたものであるともいえる。

● 商品ファンドの運用成績を見るためのホームページ
　http://www.jcfa.or.jp/funddata/performance.html

【付録】

◆ 商品先物取引に関する参考ホームページ

- 先物に関するリンク集
  http://www.commodinews.net/link.htm
- 先物情報に関するリンク集
  http://www5a.biglobe.ne.jp/%7EJSIS/jyou.htm
- 先物情報に関するリンク集
  http://www.mcf.co.jp/li0002.html
- 先物情報に関するリンク集
  http://www.fuji-ft.co.jp/link/index.html
- 先物情報に関するリンク集（青天井）
  http://www.geocities.co.jp/WallStreet-Bull/9991/
- 先物情報に関するリンク集
  http://www.geocities.co.jp/WallStreet-Bull/9991/
- 業界紙（日刊商品投資特報）
  http://www.shohintokuho.com/
- 業界紙（フューチャーズトリビューン）
  http://www.soubanet.com/tribune/tribune.top.htm
- 業界紙（日刊投資日報）
  http://www.toushinippou.co.jp/
- 業界紙（Exchange）
  http://www.toushinippou.co.jp/
- 業界紙（商品データ）
  http://www.shohin-data.co.jp/
- 業界紙（スカイコム）
  http://www02.so-net.ne.jp/%7Eskycom/index.html

- 投資に関する書店(トレーダーズショップ)
  http://tradersshop.com/
- 投資に関する情報提供(e先物倶楽部)
  http://www.e-sakimono.org/
- 投資に関する情報提供(ASUMIRU)
  http://www.asumiru.com/
- 投資に関する情報提供(ランド投資顧問)
  http://trend-line.co.jp/
- 投資に関する情報提供(リム情報開発)
  http://www.rim-intelligence.co.jp/
- 投資に関する情報提供(InvesTV)
  http://investv.net/
- 投資に関する情報提供(商品先物で行こう)
  http://www.futuresite.jp/
- 投資に関する情報提供(パンローリング)
  http://www.panrolling.com/
- 投資に関する情報提供(商品相談室)
  http://www.syouhin-soudan.com/
- 投資に関する情報提供(Billion Circle)
  http://home.att.ne.jp/green/ajimax/
- 投資に関する情報提供(東京穀物市況調査会)
  http://www.tmr.or.jp/
- 投資に関する情報提供(コモディニュース)
  http://www.commodinews.net/
- オンライントレードに関するリンク集
  http://factualsite.com/online/online.htm
- オンライントレードの民間評価ページ

◆付録

　http://factualsite.com/hp/hp.htm
● 商品先物取引会社へのリンクページ
　http://factualsite.com/links/link04.htm
● 商品先物情報有料サイト（ゼネックス社）
　http://money.genex.co.jp/
● 時事通信社ニュース（商品欄）
　http://www.jiji.com/commodi/
● ロイター通信ニュース
　http://www.reuters.co.jp/
● 日経マネーマーケット
　http://markets.nikkei.co.jp/
● 貴金属情報（英文・一部有料）
　http://www.thebulliondesk.com/default.asp
● 貴金属（英文）情報
　http://www.kitco.com/
● 鉱山情報（英文）
　http://www.infomine.com/commodities/
● CNN天気予報（英文）
　http://edition.cnn.com/WEATHER/
● 日本の気象
　http://www.jma.go.jp/JMA_HP/jma/index.html
● 日本商品先物取引協会
　http://factualsite.com/links/link04.htm
● 日本商品先物振興協会
　http://www.jcfia.gr.jp/
● 日本商品投資販売業協会
　http://www.jcfa.or.jp/index.html

◆ 商品先物取引に関する税金（平成15年1月～）

① **申告分離課税方式**

　　国税（所得税）15％＋地方税（個人住民税）5％＝合計20％

② **対象者**

　　所得税法の規定する「居住者」及び「国内に恒久的施設を有す非居住者」

③ **計算方法**

　　商品先物取引を差金等決済したことにより生じた売買差損益金から、委託手数料及び手数料にかかる消費税など、その取引に直接要した費用の額を控除した損益金額を年間で通算し、利益となった場合はその利益が課税対象の所得となる。

④ **納税方法**

　　確定申告

⑤ **損益通算**

　　商品先物取引または有価証券先物取引（以下「先物取引」）の差金決済を行ったことにより、損失（年間の損益を通算）になったときは、翌年以降3年間の先物取引による所得から控除することができる。

⑥ **繰越控除**

　　この繰越控除を受けるにあたっては、損失が発生した年に確定申告するだけでなく、控除を受ける年まで先物取引の売買をしない年が途中にあっても、確定申告を続ける必要がある。

⑦ **その他**

　　差金等決済により実現した損益については所得を計算するが、決済をしていない取引の含み損益（値洗い損益）は課税対象にならない。

◆付録

【参考文献】

「相場の心理学」ラース・トゥベーデ/赤羽隆夫訳　ダイヤモンド社
「入門商品先物のすべて」エム・ケイ・ニュース社
「入門価格理論」倉澤資成　日本評論社
「新体系日本史12　流通経済史」山川出版社
「商いから見た日本史」伊藤雅俊・網野善彦・斉藤善之　PHP研究所
「大阪堂島米会所物語」島実蔵　時事通信社
「米国商品先物市場の研究」河村幹夫　東洋経済新報社
「ギャン理論と一目均衡理論で読む世界の相場」青柳孝直　総合法令出版
「ギャンの相場理論」林康史　日本経済新聞社
「マーケットの魔術師」ジャック・D・シュワッガー/横山直樹訳　パンローリング社
「新マーケットの魔術師」ジャック・D・シュワッガー/清水昭男訳　パンローリング社
「投資の心理学」ローレンス・E．リフソン、リチャード・A・ガイスト/林康史監訳　東洋経済新報社
「魔術師たちの心理学」バン・K・タープ/柳谷雅之監修　パンローリング社
「テクニカル分析入門　ロイターファイナンシャル・トレーニングシリーズ日本語版」小島英男・小川真路訳　経済法令研究会
「先を読む統計学」鈴木儀一郎　講談社
「統計学で楽しむ」鈴木儀一郎　講談社
「デマークのチャート分析テクニック」トーマス・デマーク/長尾慎太郎・柳谷雅之・守谷博之訳　パンローリング社
「テクニカル分析大全集」田中勝博　シグマベイスキャピタル社
「一目均衡表の研究」佐々木英信　(株)投資レーダー社
「チャートの救急箱」伊藤智洋　(株)投資レーダー社

「デイトレード」オリバー・ベレス、グレッグ・カプラ/林康史・藤野隆太監訳　日経BP社

「ボリンジャーバンド入門」ジョン・A・ボリンジャー/長尾慎太郎・飯田恒夫監訳　パンローリング社

「マネーゲームの予言者たち」トマス・バス/栗原桃代訳　徳間書店

「複雑さの帰結」塩沢由典　NTT出版

「リスク」ピーター・バーンスタイン/青山護訳　日本経済新聞社

「1000%の男」フェアリー・炭谷道孝　パンローリング社

「トレードとセックスと死」ジョエル・E・アンダーソン/増田丞美監訳　パンローリング社

「ヘッジファンドのすべて」ジョセフ・G・ニコラス/今井澂・藤井真人監訳　東洋経済新報社

「入門先物市場」宇佐見洋　東洋経済新報社

「商品取引所法」河内隆史・尾崎安央　商事法務研究会

「日本の商品先物市場」小山良・済藤友明・江尻行男　東洋経済新報社

「相場師異聞」」「相場師奇聞」鍋島高明　河出書房新社

「金融工学の悪魔」吉本佳生　日本評論社

「ヘッジファンドの虚実」足立真一　日本経済新聞社

◆付録

◆商品取引所別上場商品・取引時間・規則等（内容が変わることがあります。取引を始められる前にご確認下さい。）

取引所	商品	立会い時間	限月（今が1月として）	取引単位（1枚当たり）	受渡単位	呼値	呼値の単位	倍率	委託本証拠金（但し価格により変動します）	値幅制限（但し価格により変動します）
東京工業品取引所	金	9時～11時・12時30分～15時30分	12ヶ月以内の偶数月(2・4・6・8・10・12月)	1kg	1kg	グラム当たり	1円	1,000倍	60,000円	40円
	銀	9時～11時・12時30分～15時30分	12ヶ月以内の偶数月(2・4・6・8・10・12月)	60kg	60kg	10グラム当たり	10銭	6,000倍	63,000円	7円
	白金	9時～11時・12時30分～15時30分	12ヶ月以内の偶数月(2・4・6・8・10・12月)	500g	500g	グラム当たり	1円	500倍	52,500円	70円
	パラジウム	9時～11時・12時30分～15時30分	12ヶ月以内の偶数月(2・4・6・8・10・12月)	500g	3kg	グラム当たり	1円	1,500倍	45,000円	60円
	アルミニウム	9時～11時・12時30分～15時30分	翌月から6ヶ月以内の各月(2・3・4・5・6・7月)	10トン	50トン	キログラム当たり	10銭	10,000倍	60,000円	4円
	ガソリン	9時～11時・12時30分～15時30分	翌々月から6ヶ月以内の各月(3・4・5・6・7・8月)	100kl	100kl	キロリットル当たり	10円	100倍	105,000円	700円
	灯油	9時～11時・12時30分～15時30分	翌々月から6ヶ月以内の各月(3・4・5・6・7・8月)	100kl	100kl	キロリットル当たり	10円	100倍	90,000円	600円
	原油	9時～11時・12時30分～15時30分	当月から6ヶ月以内の各月(1・2・3・4・5・6月)	100kl	受渡なし	キロリットル当たり	10円	100倍	105,000円	700円
	軽油	9時～11時・12時30分～15時30分	翌月から6ヶ月以内の各月(3・4・5・6・7・8月)	100kl	100kl	キロリットル当たり	10円	100倍	90,000円	600円
	ゴム	9時45分・10時45分・13時45分・14時45分・15時30分	翌月から6ヶ月以内の各月(2・3・4・5・6・7月)	10トン	10トン	1キログラム当たり	10銭	10,000倍	75,000円	5円
東京穀物商品取引所	一般大豆	10時・11時・13時・14時	12ヶ月以内の偶数月(2・4・6・8・10・12月)	50トン	50トン	1トン当たり	10円	30倍	75,000円	1,000円
	NON-GMO大豆	10時・14時	12ヶ月以内の偶数月(2・4・6・8・10・12月)	10トン	10トン	1トン当たり	10円	50倍	15,000円	1,000円
	大豆ミール	10時・11時・13時・14時	12ヶ月以内の奇数月(3・5・7・9・11・1月)	50トン	50トン	1トン当たり	10円	50倍	60,000円	1,000円
	とうもろこし	9時・10時・11時・13時・14時・15時	12ヶ月以内の奇数月(3・5・7・9・11・1月)	100トン	100トン	1トン当たり	10円	100倍	60,000円	500円
	小豆	9時・11時・13時・15時	連続6限月	2,400kg	2,400kg	1袋(30キログラム)当たり	10円	80倍	42,000円	350円
	アラビカコーヒー	9時30分・10時30分・13時30分・14時30分・15時30分	12ヶ月以内の奇数月(3・5・7・9・11・1月)	3,450kg	3,450kg	1袋(69kg)当たり	10円	50倍	60,000円	800円
	ロブスタコーヒー	9時30分・10時30分・13時30分・14時30分・15時30分	12ヶ月以内の奇数月(3・5・7・9・11・1月)	5トン	5トン	100kg当たり	10円	50倍	45,000円	600円
	粗糖	9時45分・10時45分・13時45分・14時45分・15時45分	14ヶ月以内の奇数月(3・5・7・9・11・1月)	50トン	50トン	1トン当たり	10円	50倍	60,000円	800円
	とうもろこしオプション	9時～11時30分・13時～15時10分	12ヶ月以内の奇数月(3・5・7・9・11・1月)	先物契約1枚	なし	1トン当たり	5円		30,000円	400円
	大豆オプション	10時15分～11時30分・13時15分～14時25分	12ヶ月以内の偶数月(2・4・6・8・10・12月)	先物契約1枚	なし	1トン当たり	10円		37,500円	800円
	粗糖オプション	9時45分～11時30分・13時45分～15時55分	14ヶ月以内の奇数月(3・5・7・9・11・1月)	先物契約1枚	なし	1トン当たり	10円		30,000円	800円

237

◆商品取引所別上場商品・取引時間・規則等

取引所	商品	立会い時間	限月 (今が1月として)	取引単位 (1枚当たり)	受渡単位	呼値	呼値の単位	倍率	委託本証拠金 (但し価格により変動します)	値幅制限 (但し価格により変動します)
大阪商品取引所	ゴム (RSS3号)	9時30分・10時30分・ 13時30分・14時30分・ 15時30分・	連続6限月	5トン	5トン	1kg当たり	10銭	5,000倍	37,500円	5円
	ゴム (TSR20号)	9時30分・10時30分・ 13時30分・14時30分・ 15時30分・	連続6限月	10トン	20トン	1kg当たり	10銭	10,000倍	60,000円	4円
	ゴム指数	9時15分・10時15分・ 13時15分・14時15分・ 15時15分・	連続6限月	約定値×20,000	約定値×20,000	0.05ポイント	0.05ポイント	20,000倍	90,000円	3.0ポイント
	綿糸 (20番手)	9時50分・10時50分・ 13時50分・14時50分	連続6限月	2,721.54kg (6,000ポンド)	1ポンド (0.45359kg) 当たり		10銭	6,000倍	27,000円	3円
	綿糸 (40番手)	9時50分・10時50分・ 13時50分・14時50分	連続6限月	1,814.36kg (4,000ポンド)	1ポンド (0.45359kg) 当たり		10銭	4,000倍	18,000円	3円
	アルミニウム	9時・10時・11時 13時・14時・15時	12ヶ月以内の 奇数月(1・3・5・ 7・9・11月)	5トン	25トン	1kg当たり	10銭	5,000倍	37,500円	5円
	ニッケル	9時50分・10時50分・ 13時50分・15時50分	12ヶ月以内の 奇数月(1・3・5・ 7・9・11月)	1トン	1トン	1kg当たり	1円	1,000倍	60,000円	40円
中部商品取引所	ガソリン	9時・10時・11時 13時・14時・15時	連続6限月	20kl	20kl	1kl当たり	10円	20倍	24,000円	700円
	灯油	9時・10時・11時 13時・14時・ 15時30分	連続6限月	20kl	20kl	1kl当たり	10円	20倍	21,000円	600円
	鶏卵	10時30分・11時30分・ 13時30分・15時	連続6限月	約定値×10,000	受渡なし	1kg当たり	10銭		30,000円	2.0円
	小豆	9時30分・10時45分・ 13時45分・14時30分	連続6限月	1袋 (30kg)	40袋 (1,200kg)	1袋(30kg) 当たり	10円	40倍	24,000円	400円
	NON-GMO 大豆	9時30分・10時45分・ 13時45分・14時30分	12ヶ月以内の 奇数月(1・3・5・ 7・9・11月)	15トン	15トン	1トン当たり	10円	15倍	23,000円	1,000円
	軽油	9時・10時・11時 13時・14時・ 15時30分	連続6限月	20kl	20kl	1kl当たり	10円	20倍	21,000円	600円

◆付録

取引所	商品	立会い時間	限月(今が1月として)	取引単位(1枚当たり)	受渡単位	呼値	呼値の単位	倍率	委託本証拠金(但し価格により変動します)	値幅制限(但し価格により変動します)
関西商品取引所	冷凍えび	10時・11時・14時・15時	連続6限月	108kg(12月限以降)540kg	540kg	kg当たり	1円	60倍	10,000円	100円
	NON-GMO大豆	9時・10時・11時・13時・14時・15時	12ヶ月以内の偶数月(2・4・6・8・10・12月)	15トン	15トン	1トン当たり	10円	15倍	20,000円	900円
	IOM一般大豆	9時・10時・11時・13時・14時・15時	12ヶ月以内の偶数月(2・4・6・8・10・12月)	30トン	30トン	1トン当たり	10円	30倍	54,000円	1,200円
	小豆	9時・10時・11時・13時・14時・15時	連続6限月	80袋(2.4トン)	80袋(2.4トン)	1袋(30kg)当たり	10円	30倍	42,000円	350円
	コーヒー指数	9時・10時・11時・13時・14時・15時	12ヶ月以内の奇数月(1・3・5・7・9・11月)	約定値×1,000	約定値×1,000	1ポイント当たり	1ポイント	1,000倍	53,000円	35ポイント
	コーン75指数	9時・10時・11時・13時・14時・15時	12ヶ月以内の奇数月(1・3・5・7・9・11月)	約定値×10,000	約定値×10,000	0.1ポイント当たり	0.1ポイント	1,000倍	50,000円	3.0ポイント
	粗糖	9時・10時・13時・14時・15時	12ヶ月以内の奇数月(1・3・5・7・9・11月)	50トン	50トン	1トン当たり	10円	50倍	60,000円	800円
	生糸	9時・11時・13時・15時	連続6限月	150kg	150kg	1kg当たり	1円	150倍	32,000円	140円
横浜商品取引所	じゃがいも	9時30分・11時20分・13時20分・15時20分	連続6限月	2,500kg	2,500kg	10kg当たり	1円	250倍	34,000円	90円
	日本生糸	9時10分・11時・13時10分・15時10分	連続6限月	150kg	150kg	1kg当たり	1円	150倍	32,000円	140円
	米ドル建国際生糸	9時10分・11時・13時10分・15時10分	12ヶ月以内の偶数月(2・4・6・8・10・12月)	300kg	300kg	1kg当たり	US$0.01	300倍	US$300	US$0.65
	乾繭	9時10分・11時・13時10分・15時10分	連続6限月	300kg	300kg	1kg当たり	1円	300倍	32,000円	70円
福岡商品取引所	ブロイラー	9時・11時・13時・15時	連続6限月	1,200kg	1,200kg	1kg当たり	1円	1,200倍	45,000円	25円
	とうもろこし	9時・10時・11時・13時・14時・15時	12ヶ月以内の偶数月(2・4・6・8・10・12月)	50トン	50トン	1トン当たり	10円	50倍	30,000円	400円
	IOM一般大豆(平成16年11月限以降)	10時・11時・13時・14時	12ヶ月以内の奇数月(1・3・5・7・9・11月)	30トン	10トン	1トン当たり	10円	10倍	45,000円	400円
	大豆ミール	9時・10時・11時・13時・14時・15時	12ヶ月以内の偶数月(2・4・6・8・10・12月)	10トン	10トン	1トン当たり	10円	10倍	12,000円	800円
	小豆	9時・10時・14時・15時	連続6限月	80袋(2.4トン)	80袋(2.4トン)	1袋(30kg)当たり	10円	80倍	42,000円	350円
	NON-GMO大豆(平成16年11月限以降)	9時・10時・11時・13時・14時・15時	12ヶ月以内の奇数月(1・3・5・7・9・11月)	9トン	9トン	60kg当たり	5円	150倍	10,000円	1,000円

[著者紹介]

近藤　雅世（こんどうまさよ）

◎―早稲田大学政経学部を卒業し、三菱商事に入社。50歳で退職するまで27年間、非鉄金属の商社マンとして世界を相手に取引した。

◎―主な扱い商品は、アルミ・銅・鉛・亜鉛・錫・ニッケル・金・白金、航空機材料、建築材料、半導体材料、商品ファンド、純金積立等多岐にわたる。プラチナでは世界ナンバーワンの市場シェアを持つディーラーだった。

◎―現在、光陽総研株式会社において商品の需給を調べ、ニュースを見て価格動向を予測。その鋭い分析力には定評がある。

【著者連絡先】
TEL：03-3864-5040
メールアドレス：masaykondo@aol.com
ホームページURL：http://advisor.koyo.ne.jp

※上記ＨＰには、本書で紹介している商品先物に関する全てのＨＰへのリンクが貼ってあります。また、毎日商品市況を発行するとともに、不定期で号外情報を発行しています（有料）。詳しくは上記ＨＰを参照してください。

編集協力：有限会社アトミック
装丁：藤瀬和敏

商品先物取引　基礎知識＆儲けの方法

2004年3月30日	第1刷発行
2004年5月26日	第2刷発行

著　者―― 近藤　雅世

発行者―― 八谷　智範

発行所―― 株式会社すばる舎
　　　　　〒170-0013 東京都豊島区東池袋3-9-7
　　　　　東池袋織本ビル
　　　　　TEL　03-3981-8651（代表）
　　　　　　　　03-3981-0767（営業部直通）
　　　　　FAX　03-3981-8638
　　　　　振替　00140-7-116563
　　　　　http://www.subarusya.com/

印　刷―― 中央精版印刷株式会社

落丁・乱丁本はお取り替えいたします
©Masayo Kondo
ISBN4-88399-353-1 C0033　2004 Printed in Japan